Franz-Xaver Corneth | Text
Claudia Kroth | Fotografien

Der RHEINAU HAFEN in Köln

GREVEN VERLAG KÖLN

DER RHEINAUHAFEN
Franz-Xaver Corneth

Es hat sich etwas verändert in Köln. Man merkt es, wenn man vom Rechtsrheinischen kommend über die Severinsbrücke fährt. Jahrzehntelang richtete sich der Blick hier immer nach rechts. »Kinder, guckt mal!«, riefen die Eltern, und dann wurde geguckt: der Dom, der Vierungsturm von Groß Sankt Martin, der massige Belfried des Rathauses, die spitzen Giebel der Altstadthäuser, das leuchtende Wellendach des Museum Ludwig ... kurz: das Kölner Rheinpanorama.

Doch seit einigen Jahren ist es anders. Immer noch rufen die Eltern: »Kinder, guckt mal!« Aber man weiß jetzt gar nicht mehr, in welche Richtung man gucken soll. Nach rechts – oder nach links. Gerade in der Abenddämmerung oder nachts ist der Blick nach links oft noch spektakulärer. Da leuchten die Fenster der Kranhäuser geheimnisvoll, da spiegeln sich die Lichter der Promenade im Wasser des Jachthafens wie in einer verwunschenen Lagune, da erhebt sich der hell angestrahlte Bayenturm wie eine Ritterburg im Ensemble der futuristischen Bauten. Schon ist das andere Ufer erreicht, viel zu schnell, um mehr mitzunehmen als den flüchtigen Eindruck von einer überwältigenden Architektur. Wer zehn Jahre nicht in Köln gewesen ist und das zum ersten Mal sieht, der reibt sich die Augen: Moment mal, ist das Wirklichkeit? In Hamburg hätte man so etwas vielleicht noch erwartet – aber hier, in der gemütlichen »Domstadt«?

Nirgendwo sonst in Deutschland liegen Alt und Neu auf einer Linie so dicht nebeneinander und gehen dabei eine so gelungene Verbindung ein wie hier. Da ist einerseits die wohlvertraute Silhouette der mittelalterlichen Stadt, überragt von den Zwillingstürmen der mächtigen Kathedrale; und da ist andererseits das Panorama einer Millionenmetropole des 21. Jahrhunderts, symbolisiert durch die drei Kranhäuser, die »preisgekrönten Wahrzeichen« (Merian).

Wer hätte sich vor 20 Jahren vorgestellt, dass in Köln Gebäude entstehen könnten, die in der Lage sind, mit dem Dom um den Rang des Wahrzeichens zu wetteifern? Der Dom war schon Sinnbild der Stadt, als er aus nicht viel mehr als dem Chor und einem Turmstumpf bestand. Er wird auch in Zukunft das Kölner Wahrzeichen bleiben – doch wird er nun immer öfter in der Zusammenschau mit den Kranhäusern abgebildet. Sie sind ihm an die Seite getreten zum Zeichen dafür, dass diese Stadt den Sprung ins neue Jahrtausend geschafft hat. Die Kranhäuser sind das Symbol für den Aufbruch Kölns in eine neue Zeit.

Lange hieß es, das Viertel sei zu still, es liege abgeriegelt vom Rest der Stadt auf seiner Insel. Es mag Vormittage geben, an denen man diesen Eindruck bekommen kann: Dann wird im Rheinauhafen nämlich fleißig gearbeitet. Doch man sollte noch mal an einem sonnigen Samstag- oder Sonntagnachmittag wiederkommen. Dann flanieren Familien mit Kinderwagen oder Roller auf der Promenade, Jogger und Walker trainieren auf dem Kai, Tourenradler zischen vorbei, Touristengruppen strömen ins Schokoladenmuseum oder ins Deutsche Sport und Olympia Museum. Restaurants und Cafés haben Stühle und Tische rausgestellt – es ist allerdings schwer, noch einen zu ergattern. Hat man es geschafft, darf man sich wie im Urlaub fühlen: Man lehnt gleichsam mit dem Rücken gegen die Kranhäuser und lässt die Füße ins Wasser baumeln – so fühlt es sich jedenfalls an. Manche können stundenlang hier sitzen bleiben und die Frachtschiffe über den Rhein tuckern sehen. Wobei gerade die großen Containerschiffe heute ja nicht mehr tuckern – sie gleiten sanft und leise über die Wasseroberfläche. Dazwischen ziehen Jachten und weiße Ausflugsschiffe dahin. Immer gibt es etwas zu sehen, aber es ist auch ein Ort, um die Gedanken schweifen zu lassen. Wolfgang Niedecken, der BAP-Frontmann, der in der nahen Südstadt aufgewachsen ist und heute mit Rheinblick auf dem Römerberg wohnt, hat gesagt: »Der Rhein fließt ja von den Schweizer Bergen in die

Nordsee, da ist eben alles dabei, was einen träumen lässt: die Alpen ... das Meer ... «

Immer wieder gibt es einen neuen Grund, um den Rheinauhafen zu besuchen: Wenn an schönen Sommerabenden auf einer Großleinwand im Jachthafen Filme gezeigt werden, wird die Architektur zur Kulisse. Und an kalten Winterabenden bietet der Weihnachtsmarkt am Schokoladenmuseum Glühweinduft und Geschenke-Schnuppern in besonders intimer Atmosphäre.

Weit über die Grenzen Deutschlands hinaus gilt der Rheinauhafen heute als beispielhaft für die Umgestaltung eines Industriehafens zum modernen Wohn- und Arbeitsquartier, in dem auch Kultur und Gastronomie ihren Platz haben. Warum ist das so? Auf den ersten Blick besticht der Rheinauhafen durch seine atemberaubende moderne Architektur. Auf den zweiten Blick allerdings wird man erkennen, dass sein Charme zu einem nicht unwesentlichen Teil auf den Mix mit historischen Gebäuden zurückgeht. So ist das Gebäude, das nach den Kranhäusern am stärksten ins Auge fällt, der Kornspeicher »Siebengebirge« von 1909. Knapp ein Drittel der Bausubstanz im Rheinauhafen ist denkmalgeschützt. Dieses Quartier ist keine auf dem Reißbrett entworfene Kunstwelt, vielmehr atmet es die Geschichte Kölns und seines Flusses. Seit Jahrhunderten ziehen sich von hier aus Verbindungsfäden durch ganz Europa, denn der Kölner Handel reichte schon vom Baltikum bis zur Iberischen Halbinsel, als hier im Jahre 1164 die Gebeine der Heiligen Drei Könige eintrafen.

Der Rheinauhafen ist der älteste Hafen von Köln. Seine Geschichte beginnt im Mittelalter. Damals war der Rhein noch ein ganz anderer Fluss als heute: ein unbändiger Strom, der seinen Lauf oft ein ums andere Jahr veränderte. Durch dieses ständige Mäandern hatte sich eine kleine Insel vor der Altstadt gebildet, von den Kölnern nur »das Werthchen« genannt. »Werth« ist ein alter Ausdruck für

Flussinsel, wie man ihn heute noch in Namen wie Nonnenwerth oder Grafenwerth finden kann. Lange Zeit war die Insel ein Ort, wo Kühe geweidet, Boote gebaut und schwimmende Reusen von Fischern an Land gezogen wurden. Dieses Inselgefühl erfährt man heute noch am stärksten, wenn man auf der Aussichtsplattform des Schokoladenmuseums steht: überall Wasser und Schiffe!

Mitte des 19. Jahrhunderts beschloss die Stadt, am Werthchen einen Hafen zu bauen. An ihrem südlichen Ende wurde die Insel durch Aufschüttung mit dem Ufer verbunden. Das Hafenbecken erhielt Werft- und Fortifikationsmauern. Ein Relikt dieser Zeit ist der Respekt einflößende Malakoffturm neben dem Schokoladenmuseum, der von 1848 bis 1858 als Teil der preußischen Rheinuferbefestigung entstand. Auf einer alten Aufnahme des Rheinauhafens von 1884 geht der Blick von Sankt Maria Lyskirchen – traditionell die Kirche der Rheinschiffer – über den Malakoffturm bis zum Bayenturm, bei dessen Erstürmung die Kölner Bürger im Jahre 1262 zum ersten Mal »Kölle Alaaf!« gerufen haben sollen. Der Schiffsverkehr wurde zur Zeit der Aufnahme noch von hölzernen Kähnen und Seglern bestimmt, doch neben den Masten sieht man auf alten Fotografien nun auch die schwarzen Schornsteine der Dampfschiffe aufragen. Gleichzeitig dokumentieren die Aufnahmen den damals noch bescheidenen Charakter des Hafens.

Dies änderte sich 1891, als der Stadtrat den Ausbau beschloss. Am 14. Mai 1898 wurde der neue Hafen feierlich eröffnet. Auf einer Ehrentribüne nahmen an jenem Tag die Honoratioren der Stadt Platz, alle mit Zylinder und buschigem Schnauzbart. Frauen: Fehlanzeige! Die Dampfschiffe konnten nun ganz nah an der Innenstadt ihre Fracht entladen. Mächtige Stapelhäuser und Kontore entstanden. 1907 zeigte sich der französische Reiseschriftsteller Jules Huret tief beeindruckt von dem, was er hier zu Gesicht bekam: »Einundvierzig Kranen ragen an die Quais empor. Es macht einen geradezu wundersamen Eindruck, wenn man diese Maschinen schweigend arbeiten sieht.

Die Stille, die im Hafen herrscht, ist merkwürdig. In früheren Zeiten vermischte sich das Geschrei der Männer mit dem Brummen des Dampfes, und es herrschte eine geräuschvolle Regsamkeit; heute hat man den Eindruck, als ob diese Maschinen, Winden und Flaschenzüge und alles, was ehemals knarrte, heulte und stöhnte, aus weichen geölten Stoffen beständen.« Zwei restaurierte Hafenkräne erinnern heute noch an diese Epoche. Der eine von ihnen, »Herkules« mit Namen, hat 1924 den »Dicken Pitter« für den Kölner Dom an Land gehievt, eine der größten schwingenden Glocken der Welt.

Nach dem Ersten Weltkrieg wurden die mit Dampf betriebenen Maschinen abgebaut und die Krananlagen auf Elektrizität umgestellt. Doch begann sich schon zu dieser Zeit abzuzeichnen, dass die Häfen Mülheim, Deutz und Rheinau den Anforderungen durch den steigenden Massengutverkehr nicht mehr gewachsen waren. Dazu kam, dass sie wegen ihrer innenstadtnahen Lage nicht mehr wirklich ausbaufähig waren. In Niehl und Godorf entstanden größere Häfen für die Petrochemie, das Fordwerk und das Bayerwerk in Leverkusen. Im Rheinauhafen wurden bald nur noch Getreide und Stückgut umgeschlagen.

Schon in den 1950er-Jahren gab es deshalb erste Überlegungen, den Rheinauhafen anders zu nutzen. 1964 schlug ein neu gewählter Stadtverordneter vor, den Rheinauhafen in eine Marina umzuwandeln. Ein erster konkreter Schritt war 1971 die Einrichtung eines Jachthafens, der Marina. Sieben Jahre später traf der Rat die Entscheidung, den Güterumschlag im Rheinauhafen ganz einzustellen. In einem Hafenkonzept von 1988 wurde der Rheinauhafen nicht mehr erwähnt. Danach dauerte es noch weitere vier Jahre, bis 1992 der erste städtebauliche Wettbewerb zur Umgestaltung des Hafens ausgeschrieben wurde. In dieser Zeit war der Rheinauhafen zur Industriebrache geworden. Das aber sollte nicht so bleiben: Der Stadtrat beschloss, den Hafen zu einem Wohn-, Kultur- und Gewerbequartier umzugestalten. Köln sollte ein neues Stadtviertel bekommen.

Vorherige Doppelseite:
Symbole für den Aufbruch Kölns in
eine neue Zeit: die Kranhäuser

1998 begannen die Beratungen der Amtsleiter der Stadt Köln mit den Beteiligten des Grundstückseigentümers, der Häfen und Güterverkehr Köln AG (HGK) und Projektentwicklern. Achtzig Sitzungen waren nötig, um einen Bebauungsplan zu erarbeiten, der alle Bedenken und möglichen Ansprüche klärte. Die Einsprüche waren schnell zu beantworten, denn es ging im Kern um nicht mehr als drei. Dennoch bezweifelten damals viele, dass man ein Projekt dieser Größenordnung in Köln überhaupt würde stemmen können. »Größenwahn« lautete ein oft gehörtes Schlagwort, »Luftschloss« ein anderes. Gerade was die mächtigen Kranhäuser betraf, gab es große Bedenken: So wie es einst vor dem Bau des Eiffelturms geheißen hatte, dieser werde die gesamte Stadtansicht von Paris beherrschen und verschandeln, so fürchteten viele nun, dass das klassische Kölner Rheinpanorama durch diese Glasriesen verdorben werden könnte. Am 5. Juni 2002 tat Oberbürgermeister Fritz Schramma gleichwohl den ersten Spatenstich. »Zur Fußball-Weltmeisterschaft im Jahr 2006 schauen die Kameras auf das neue Stadtbild von Köln«, sagte er. Die neue Architektur werde auch ein Signal sein für das neue Selbstverständnis Kölns im 21. Jahrhundert.

Das zwei Kilometer lange, aber nur höchstens 400 Meter breite Gelände wurde in 30 Baufelder eingeteilt. In einer Rekordzeit von 15 Monaten entstand zunächst die Tiefgarage mit 1400 Stellplätzen – es ist bis heute die längste Europas und die zweitlängste der Welt (die längste befindet sich in New York). Ein ausgeklügeltes Farbschema erleichtert die Orientierung in diesen Kölner Katakomben. Bei der gesamten Planung stellte der Hochwasserschutz eine besondere Herausforderung dar. So wird die Tiefgarage bei einem Hochwasserstand von 11,30 Metern geflutet. Der Rheinauhafen selbst ist jedoch auf ein Jahrhunderthochwasser vorbereitet.

Die drei Kranhäuser mit ihren glitzernden Fassaden sind ohne Zweifel das spektakulärste Element im neuen Quartier. Sie übersetzen die

Kölner Geschichte gleichsam in die Moderne, denn sie zitieren die drehbaren Hafenkräne, die hier schon im Mittelalter die Schiffe entluden. Entworfen wurden die Drillinge unter anderem von dem Hamburger Architekten Hadi Teherani. Sie sind inspiriert von den sogenannten Wolkenbügeln, mit denen sich der russische Künstler El Lissitzky in den 1920er-Jahren von den amerikanischen Wolkenkratzern absetzen wollte. Fast ein Jahrhundert galten Lissitzkys 60 Meter hohe Türme mit ihren in den Wolken schwebenden Auslegern als konstruktivistische Utopie – bis sie in Köln in abgewandelter Form tatsächlich verwirklicht wurden. Die rechtwinklig auskragenden Arme reichen bis an die Kaimauer heran. Die Kranhäuser sind 61 Meter hoch, die obere Gesamtlänge beträgt 70 Meter. Wenn man unter dem Balken steht und dann nach oben schaut, sieht man durch ein Atrium in den Himmel – bei schönem Wetter ein unvergesslicher Blick. Allerdings gibt es ihn nur bei den beiden südlichen Häusern, denn die drei Brüder sind bei näherem Hinsehen so individuell wie die Heiligen Drei Könige: Das Kranhaus Süd und das Kranhaus EINS in der Mitte sind Bürohochhäuser, das Kranhaus Nord ist ein Wohnhaus. Dort befinden sich 133 Luxusapartments – der auffälligste Unterschied zu den beiden Geschwistertürmen sind die aus der Fassade hervorspringenden Balkone.

Die Kranhäuser sind mehrfach ausgezeichnet worden. So gewann das Kranhaus EINS auf der internationalen Immobilienmesse MIPIM in Cannes 2009 den MIPIM Award, den weltweit wichtigsten Preis dieser Art. Doch was vielleicht noch wichtiger ist: Sobald die Kranhäuser einmal standen, wurden sie von der Bevölkerung mit Begeisterung aufgenommen. Selten dürfte ein zunächst umstrittenes Gebäude-Ensemble sowohl die Fachwelt als auch die große Öffentlichkeit in so kurzer Zeit gleichermaßen überzeugt haben.

Dies galt auch für die übrige Entwicklung des Rheinauhafens. »Ein Luftschloss wird Stein«, titelte der *Kölner Stadt-Anzeiger* 2007 und brachte damit jenes ungläubige Staunen zum Ausdruck, mit dem die Kölner das Vorzeigeviertel Gestalt annehmen sahen. Und was da nicht alles hinter Gerüsten und Planen hervorkam: zum Beispiel das senfgelbe, 170 Meter lange »Siebengebirge«, so genannt, weil seine sieben Spitzgiebel wie die Gipfel eines Gebirges aussehen. Das »Siebengebirge« war der erste in Beton gegossene Getreidespeicher der Welt. Bis zum Bau der Kranhäuser war dies das charakteristischste Gebäude im Rheinauhafen. Architekturhistorische Bedeutung kommt ihm zu als einem der ersten deutschen Stahlskelettbauten. Wie man es aber in einen Wohnungsblock umwandeln sollte, war anfangs ein Rätsel, denn dieses tiefe Lagerhaus hatte nur sehr kleine Fenster. Da es aber andererseits unter Denkmalschutz steht, waren Veränderungen enge Grenzen gesetzt. Am Ende wurden in Abstimmung mit dem Denkmalschutz behutsame Eingriffe vorgenommen – und dann waren ganz schnell alle Wohnungen verkauft.

Noch schwieriger war die Anpassung des hellrot leuchtenden »Silo 23«, eines riesigen Getreidespeichers, der über gar keine Fenster verfügte, dafür aber im Inneren über einen gigantischen Schütttrichter. Eine Abrissgenehmigung für das gesamte Gebäude lag bereits vor. Weil man bei einem Abriss aber eine Gefährdung des unmittelbar benachbarten »Siebengebirges« befürchtete, erhielt schließlich doch eine andere Lösung den Vorzug: Das Silo wurde ausgehöhlt, Beton teilweise mit Dynamit weggesprengt. Die Fassaden erhielten erkerartige Fenster, die jeweils zu einer Gesamtfläche zusammengezogen wurden. So entstand ein Schmuckstück, in dem heute auf zwölf Etagen Büros untergebracht sind.

Ein komplett neues Gebäude ist dagegen das KAP am Südkai, eines der beliebtesten Ausflugsziele im Rheinauhafen, weil man dort im Sommer noch bis spätabends in der Sonne sitzen kann. Der 130 Meter lange Glaspalast bildet den südlichen Abschluss des Hafens. An der Kaimauer legen auch die Rheinschiffer gern mal einen Stopp ein – nicht immer zur Freude der Anwohner. Vor einigen Jahren ging der Fall

einer Mieterin durch die Presse, die sich durch die laufenden Fracht-
schiffmotoren und deren Ausdünstungen dermaßen gestört sah, dass
sie eigenmächtig die Miete minderte. Das Amtsgericht entschied:
Auch wenn die Frau nicht aus Köln stamme, sei es doch allgemein bekannt, dass auf dem Rhein Schiffe führen! Die meisten Menschen im
Rheinauhafen lieben das fast schon maritime Flair durch die Rheinschiffer. Wenn dann noch die Möwen kreischen und der Wind auf-
frischt, ist die Strandatmosphäre fast perfekt. Damit die Schiffer nachts
ihren Dieselmotor beim Anlegen ausstellen, haben sie die Möglichkeit,
sich über spezielle Poller an der Kaimauer mit Strom zu versorgen.
Die meisten Kapitäne nutzen dies regelmäßig. Übrigens verfügt
der Rheinauhafen in der Nähe der Südbrücke auch über Deutschlands
erste Autoabsetzanlage: Dort können die Rheinschiffer ihren seit
100 Jahren praktizierten Mannschaftswechsel vornehmen – ohne dass
Fußgänger oder Radfahrer auf der Promenade dadurch gestört werden.
Man kann den Rheinauhafen schon x-mal besucht haben und wird
immer noch etwas Neues entdecken. So sind die Lampen für
die Straßenbeleuchtung eine eigens entwickelte Spezialanfertigung:
Sie erinnern in ihrer Form an ein Segel.

Anwaltskanzleien, Wirtschaftsprüfungsunternehmen, Computer-
hersteller, Luxusagenturen, die Fachhochschule für Ökonomie und
Marketing, Eventagenturen, Showrooms, Feinschmeckerlokale,
Galerien und ein Haus mit mehr als 50 Künstlern aus den unterschied-
lichsten Sparten – sie alle haben im Rheinauhafen mittlerweile das
passende Ambiente gefunden. Dass auch Microsoft seine Nordrhein-
Westfalen-Zentrale gerade hierher verlegte, war nicht zuletzt auf
den besonderen Einsatz von Oberbürgermeister Schramma zurück-
zuführen. Im Bürohaus The Bench wiederum residiert der weltgrößte
Hersteller von Computerspielen, Electronic Arts (EA).

Mehr als 750 Millionen Euro sollen im Rheinauhafen insgesamt verbaut
worden sein. Über 3 500 Menschen leben und arbeiten dort – sie alle

können von sich behaupten, dass sie auch per Schiff zur Arbeit oder nach Hause fahren könnten. Inzwischen gibt es kaum noch einen Köln-»Tatort«, in dem der Rheinauhafen nicht mitspielt. Diese Szenerie ist eben filmreif. Die *New York Times* berichtete ihren Lesern 2009: »Für fast 130 Jahre ist die Kölner Skyline vom Dom beherrscht worden, jenem gotischen Meisterwerk, das einst das höchste Gebäude der Welt war. So ist es vielleicht keine Überraschung, dass moderne Architekten einen Heidenspaß dabei hatten, sich im Rheinauhafen auszutoben, einem ehemaligen Hafengebiet am Ufer des Rheins, das der Öffentlichkeit jetzt wieder zugänglich gemacht worden ist. Der architektonische Spielplatz umfasst Glashaus-Bistros wie KAP am Südkai, das demnächst zu eröffnende art'otel und Galerien wie Werft 11 Den Mittelpunkt aber bildet ein Trio von Glastürmen in Form von Hafenkränen – daher der Name Kranhäuser: ein passendes Wahrzeichen für diesen neuen lebendigen Stadtteil am Wasser.« Die Londoner *Sunday Times* schwärmt von der »hip new docklands area of Rheinauhafen«, und der *Independent* geht so weit zu sagen, dass Köln geradezu vom Wasser definiert werde. Ähnliches hat übrigens auch der Architekt Albert Speer gesagt, als er 2008 seinen Masterplan für die Kölner Innenstadt präsentierte: Die Stadt müsse sich wieder stärker dem Rhein zuwenden, forderte er. »Wir sind der Meinung, dass Köln mit diesem Riesenstrom noch bei Weitem nicht genug anfängt.« Man darf wohl sagen, dass die gelungene Revitalisierung des Rheinauhafens erst dazu geführt hat, dass die Kölner ihre Liebe zum Wasser wiederentdeckt haben.

Am Eingang des Rheinauhafens grüßen der Malakoffturm und das Schokoladenmuseum.

Folgende Doppelseite:
Dieses Panorama macht deutlich, dass der Rheinauhafen ein innerstädtisches Viertel ist. Richtet man den Blick nach Norden, reihen sich die großen Kölner Sehenswürdigkeiten wie Perlen an einer Kette auf.

Das Schokoladenmuseum ist eines der meistbesuchten Museen Deutschlands. Seinen Ursprung hat es in der Kölner Traditionsfirma Stollwerck, die vor dem Ersten Weltkrieg die größte Schokoladenfabrik der Welt war. Das 1993 gegründete Museum veranschaulicht die Kette der Schokoladenherstellung von der Kakaobohne bis zum Verkauf.

Rechts oben:
Schokoladenwalzentruhe von Stollwerck aus dem Jahr 1883 im Schokoladenmuseum

Rechts unten:
Moderne Schokoladenwalze im Schokoladenmuseum

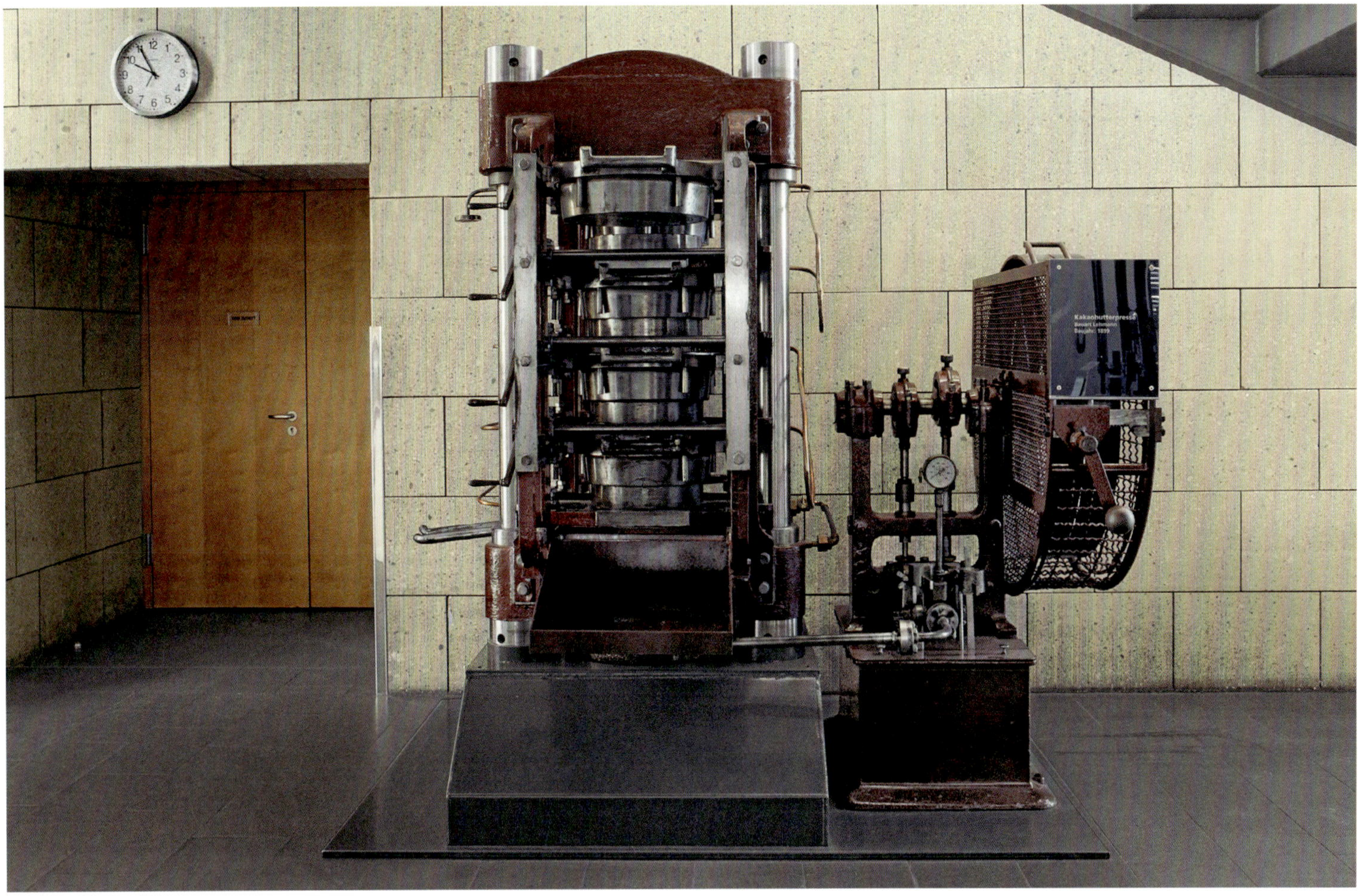
Kakaobutterpresse

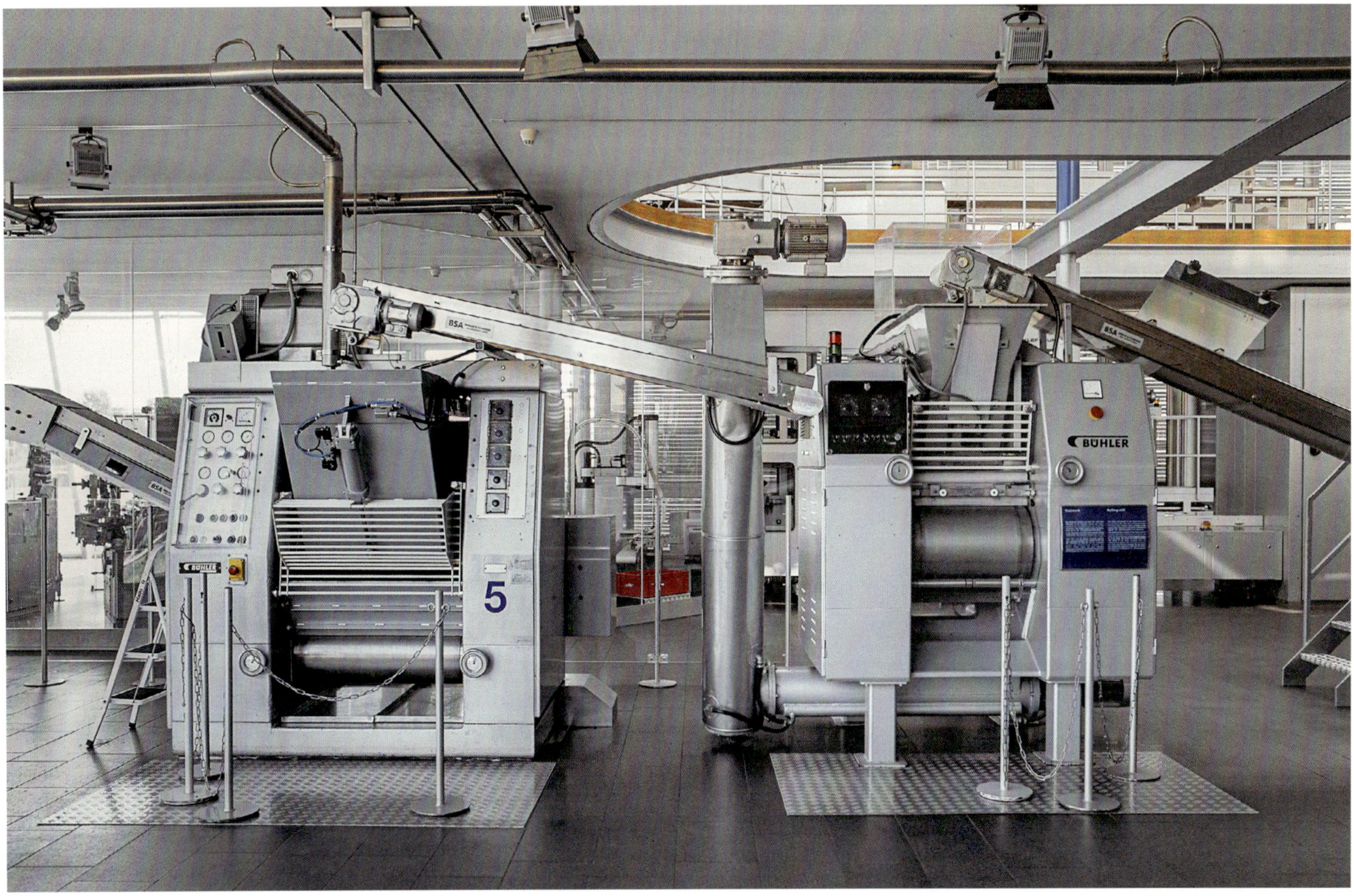
BÜHLER
5
BÜHLER

Vorherige Doppelseite links:
Der aus Muschelkalk geschaffene »Tauzieher« ist ein Denkmal für die Hafenarbeiter, die einst hier geschuftet haben.

Vorherige Doppelseite rechts:
Fassade der vorspringenden Glaskabinen: Die farbigen Erker des art'otel sind sein Markenzeichen.

Links:
Der Eingang zum Deutschen Sport und Olympia Museum: Der Besucher kann selbst entscheiden, ob ihm der rote Teppich ausgerollt wird oder ob er zu einem Sprint motiviert werden soll.

Folgende Doppelseite:
Einen weiten Bogen spannt das Deutsche Sport und Olympia Museum in seiner festen Kollektion: von der nicht ganz praktischen Eleganz früher Turngewänder der 1920er-Jahre bis hin zu einem Fahrrad im Windkanal.

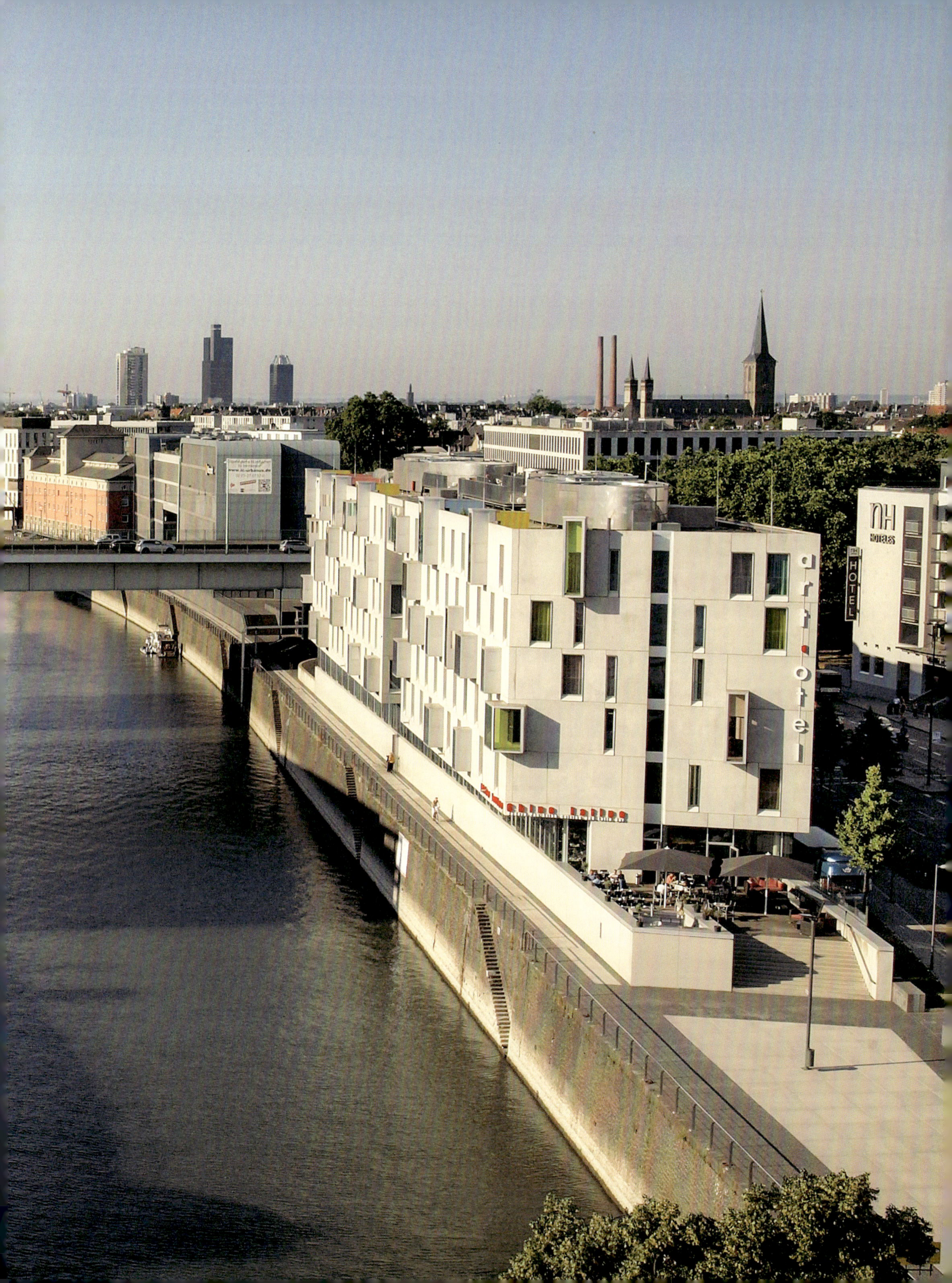
NH
HOTELES
HOTEL

Vorherige Doppelseite:
Überall ist Wasser – im Rheinauhafen wird Kölns jahrtausendealte Tradition als Hafenplatz so spürbar wie an keinem anderen Ort.

Bei Nacht wirkt die Architektur mit den dahinter aufragenden Türmen der Stadt wie eine unwirklich schöne Filmkulisse.

Die ehemalige Zollhalle hat eine neue Bestimmung gefunden als Deutsches Sport und Olympia Museum. Es präsentiert die Sportgeschichte von den Olympischen Spielen der alten Griechen bis zu den großen Turnieren und Wettkämpfen des 21. Jahrhunderts.

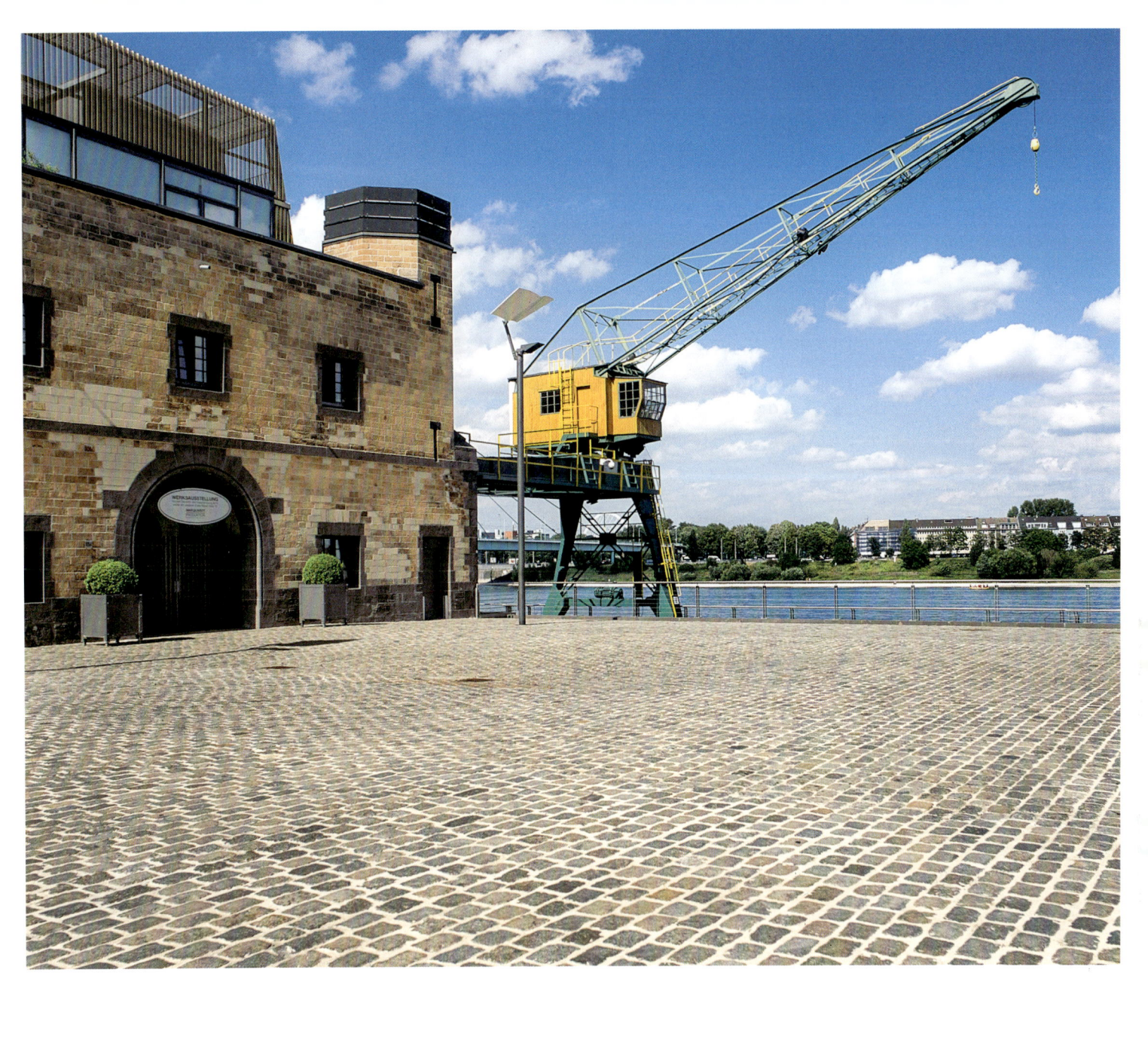

Relikt der Industriearchitektur:
ein alter Hafenkran

Die mächtige Zollhalle 11 war um 1900 einer der größten nichtkirchlichen Bauten der Stadt. Heute beherbergt sie sowohl Wohnungen als auch Gewerbeflächen.

Von außen besticht die Zollhalle durch nüchterne Eleganz, innen (nächste Doppelseite) wird deutlich, dass sich ihre Architektur an der Gotik orientiert. Im Erdgeschoss findet sich sogar ein Kreuzgewölbe.

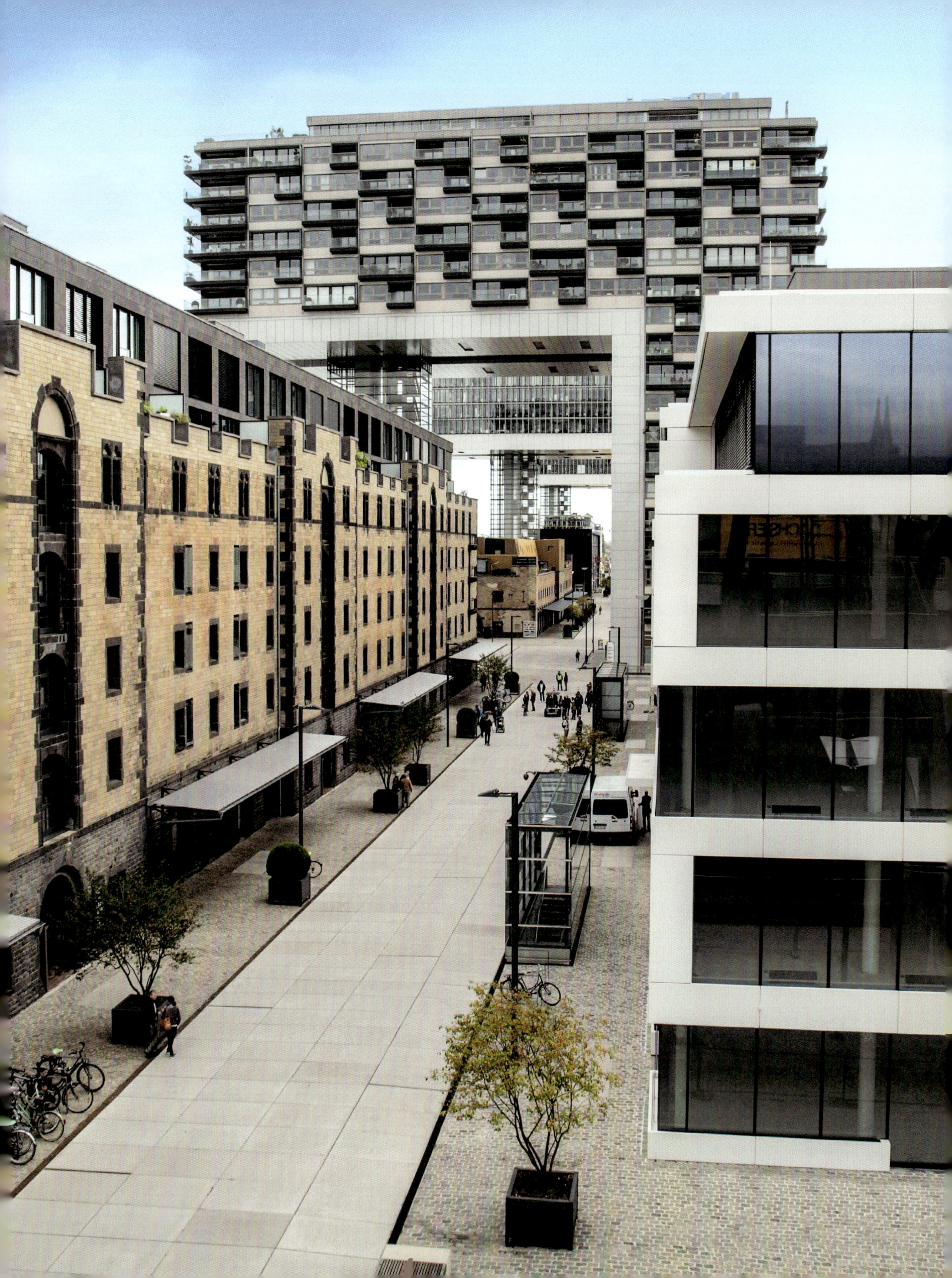

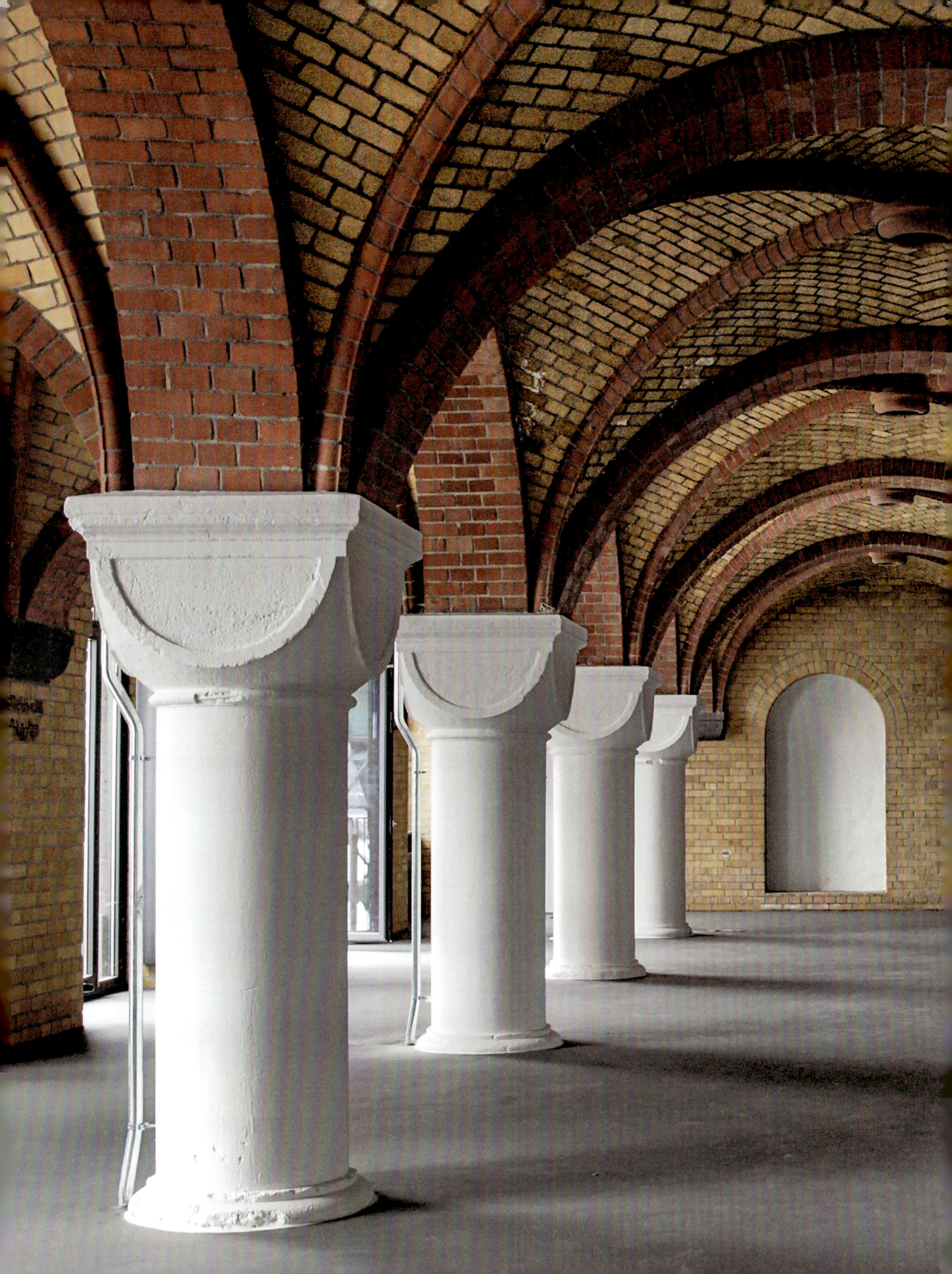

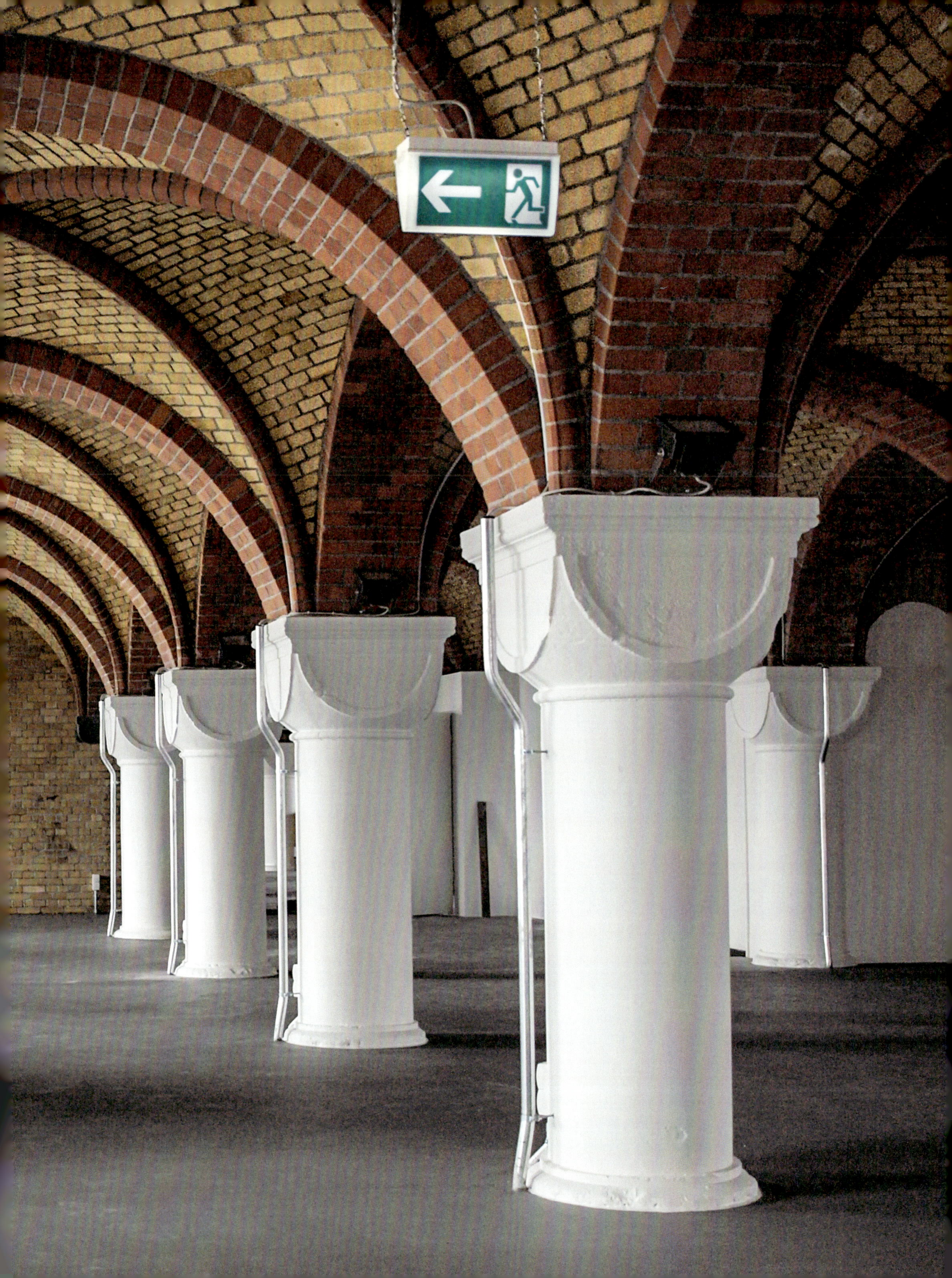

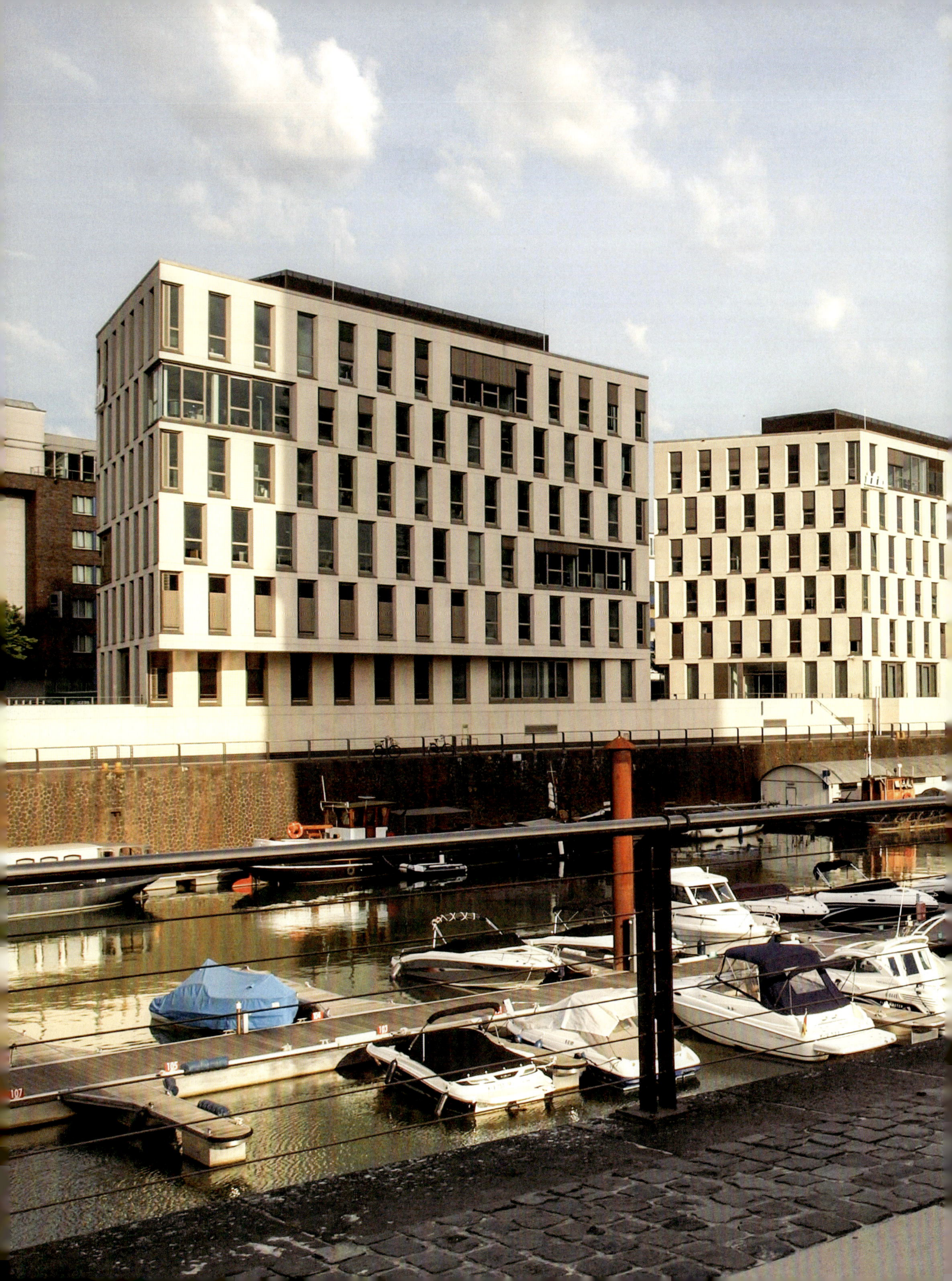

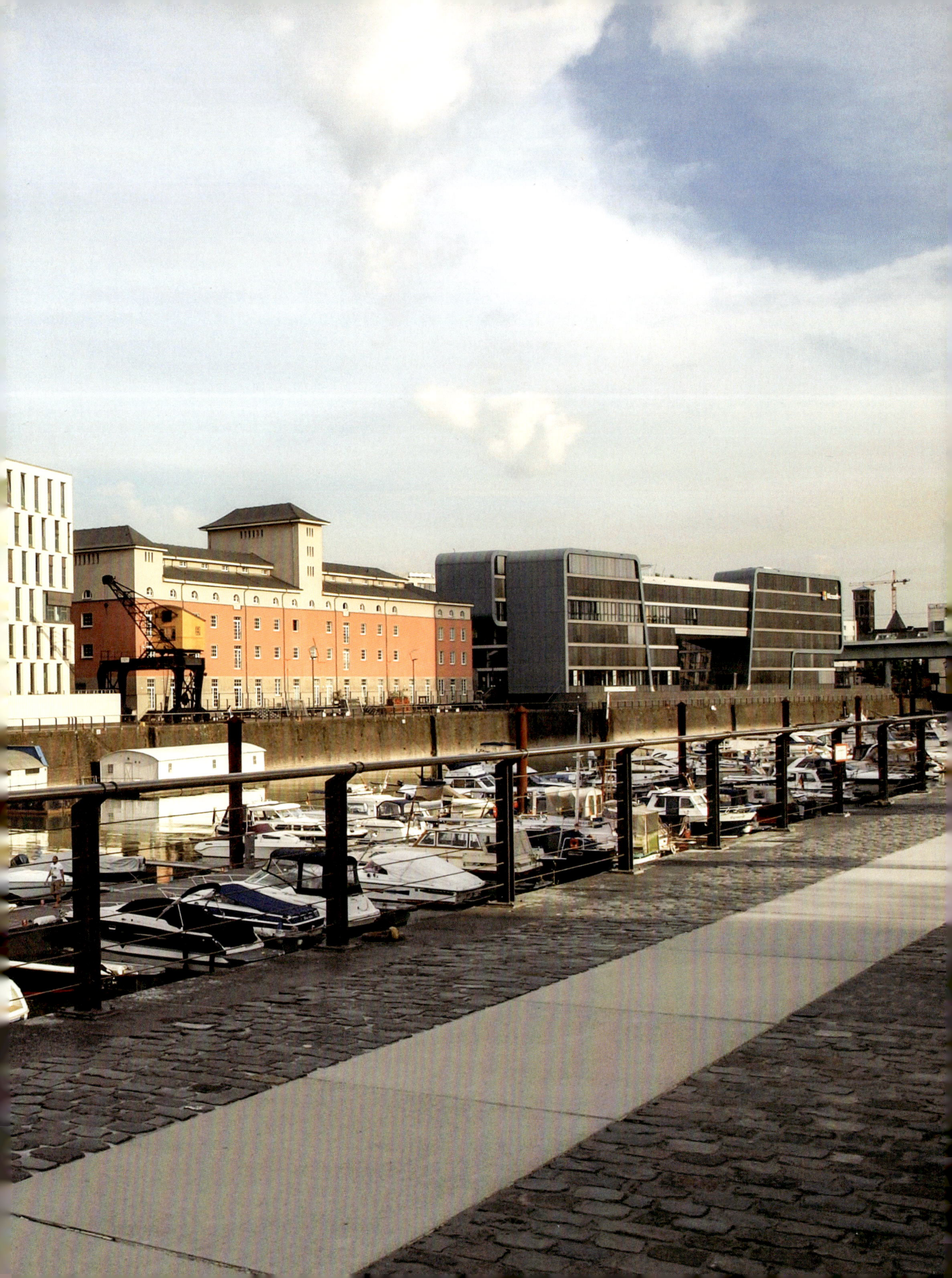

Die Marina (oben) stand in den 1970er-Jahren am Anfang der Neubelebung des Viertels. Heute gehört viel Fantasie dazu, sich vorzustellen, dass sie damals noch von Ruinen und Brachflächen umgeben war.

Vorherige Doppelseite:
Viele Beschäftigte des Rheinauhafens können mit dem Boot zur Arbeit kommen: Links, im zweiteiligen Pier 15 residiert die Beratungsfirma ifb. Im Kunsthaus Rhenania (Mitte), heute ein Hort der Kreativität, wurde einst Getreide gelagert. Die eigenwillige Architektur des RheinauArtOffice von Microsoft (rechts) inspiriert deren Beschäftigte in ihrer NRW-Zentrale.

Rechts:
Mitten in der Millionenmetropole gelegen, vermittelt der Rheinauhafen doch immer auch etwas Urlaubsstimmung.

Folgende Doppelseite:
Der auskragende Arm ist das Markenzeichen der Kranhäuser.

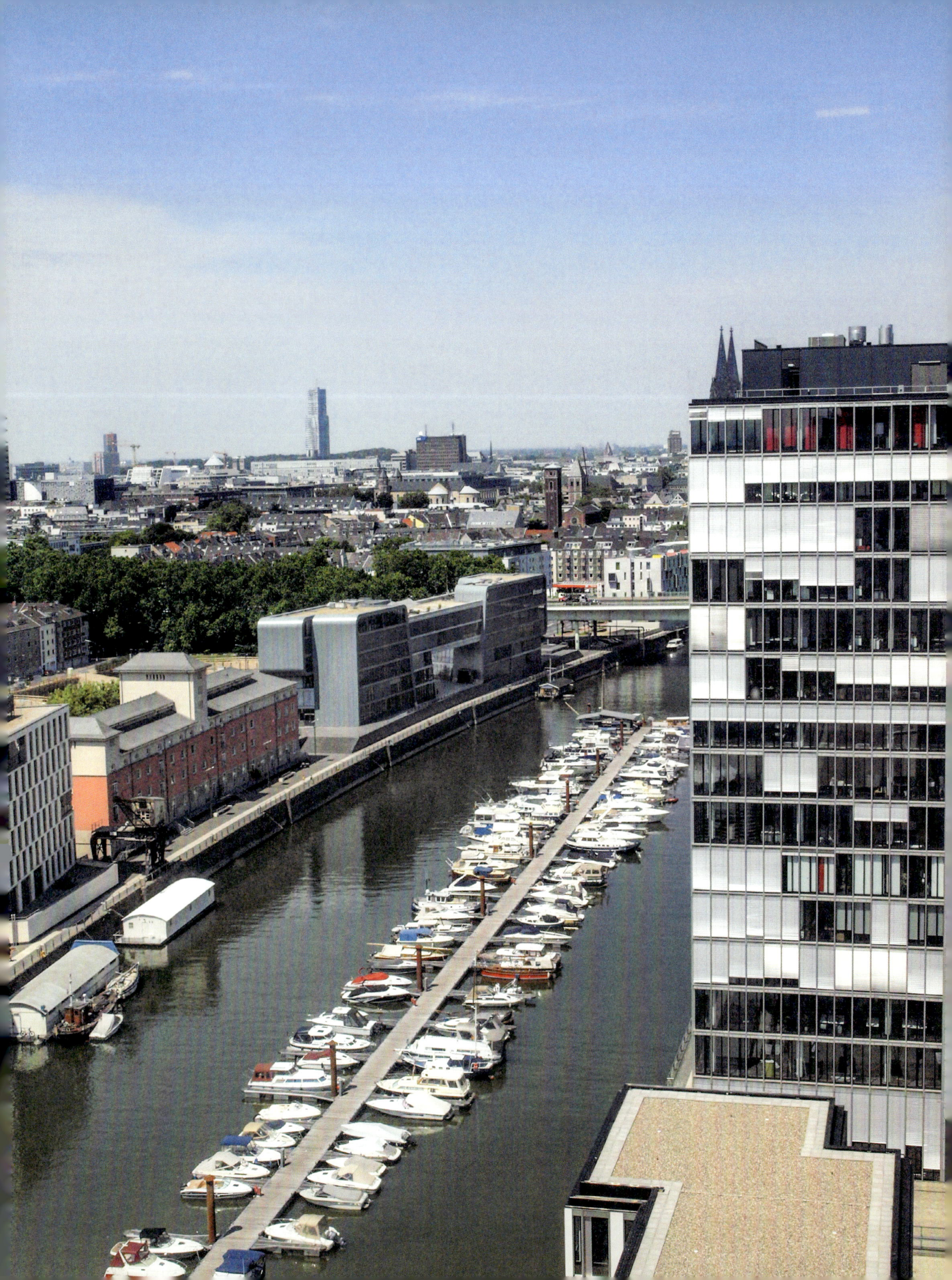

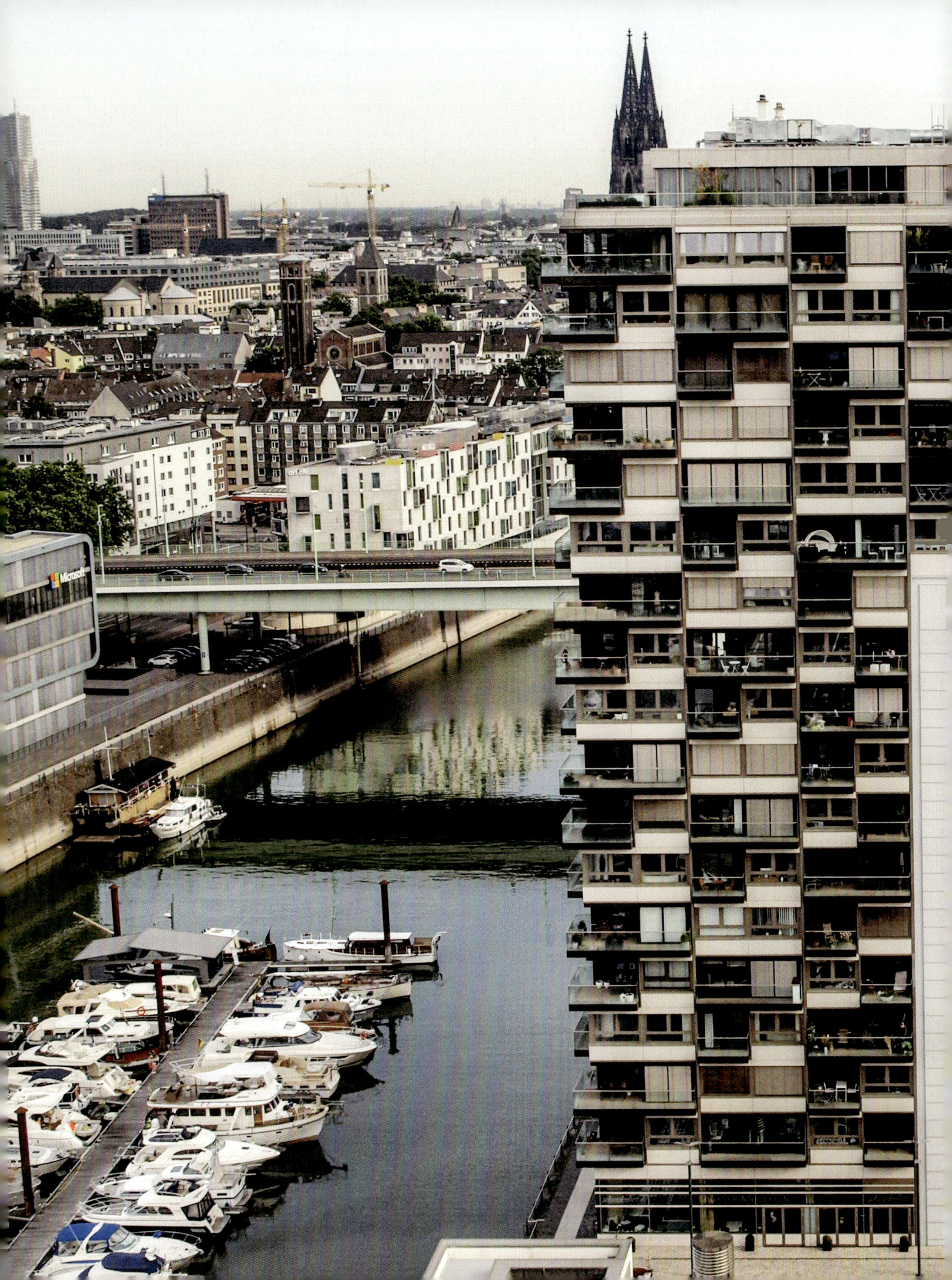
Microsoft

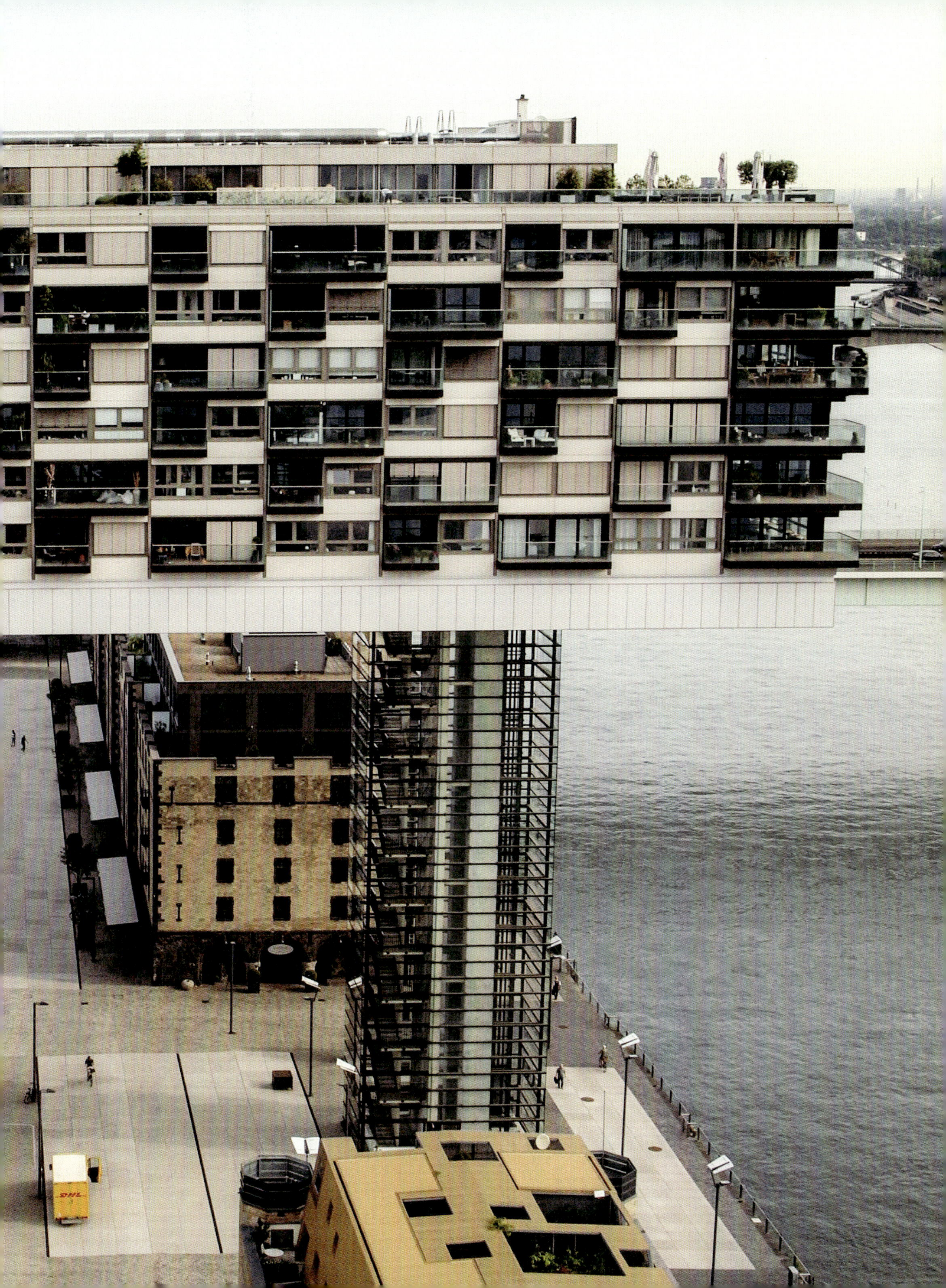

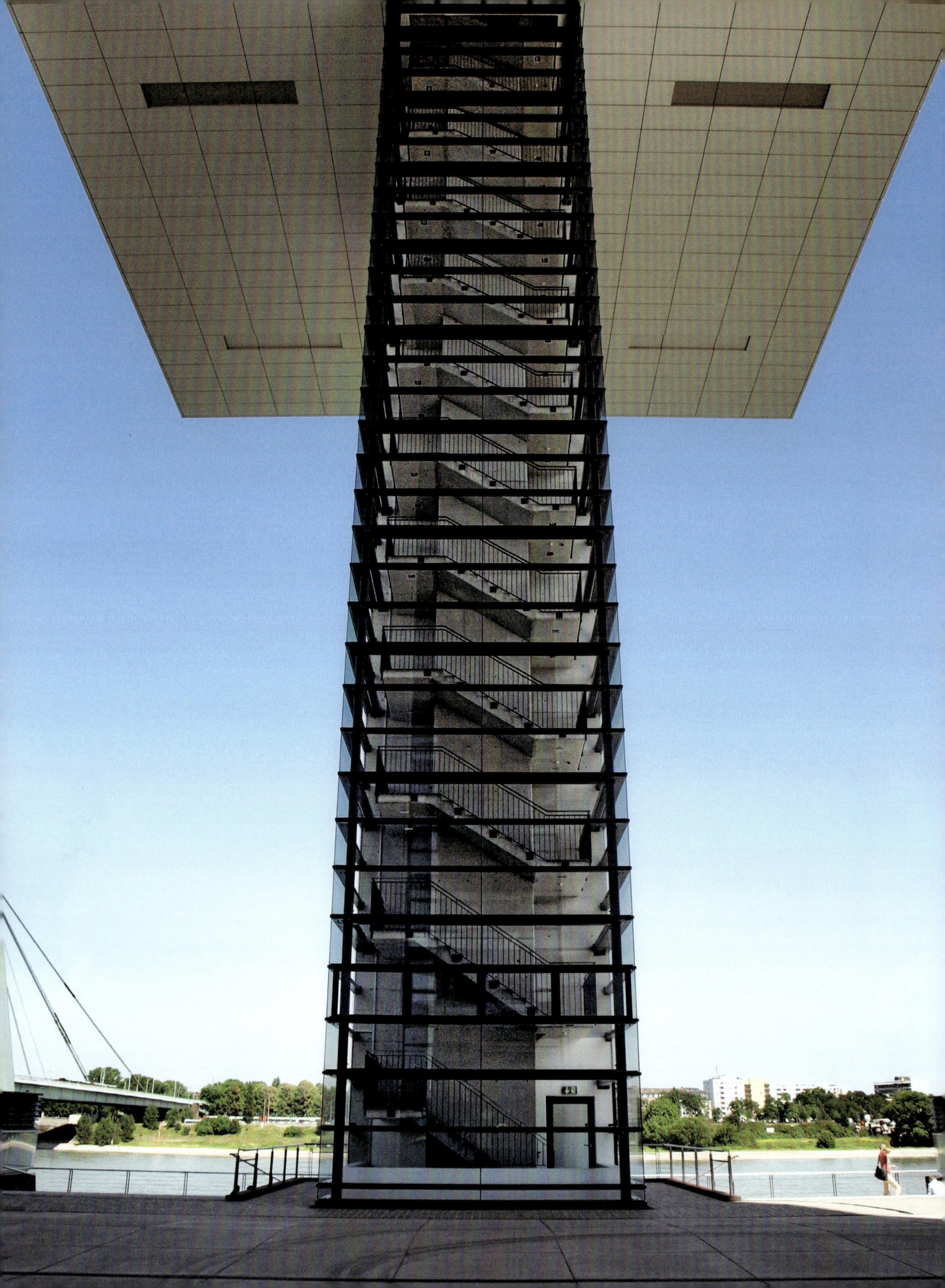

Das Treppenhaus befindet sich im Stützpfeiler des Kranhauses.

Die hypermodernen Kranhäuser zitieren aber auch die Geschichte dieses Ortes, indem sie an die mittelalterlichen Hafenkräne erinnern.

Die Kranhäuser sieht man von jedem
Punkt des Rheinauhafens aus.

Immer wieder ergibt sich ein
reizvolles Wechselspiel von Alt und
Neu, von Stein und Glas.

Folgende Doppelseite:
Abendstimmung im Jachthafen

HALLE 12

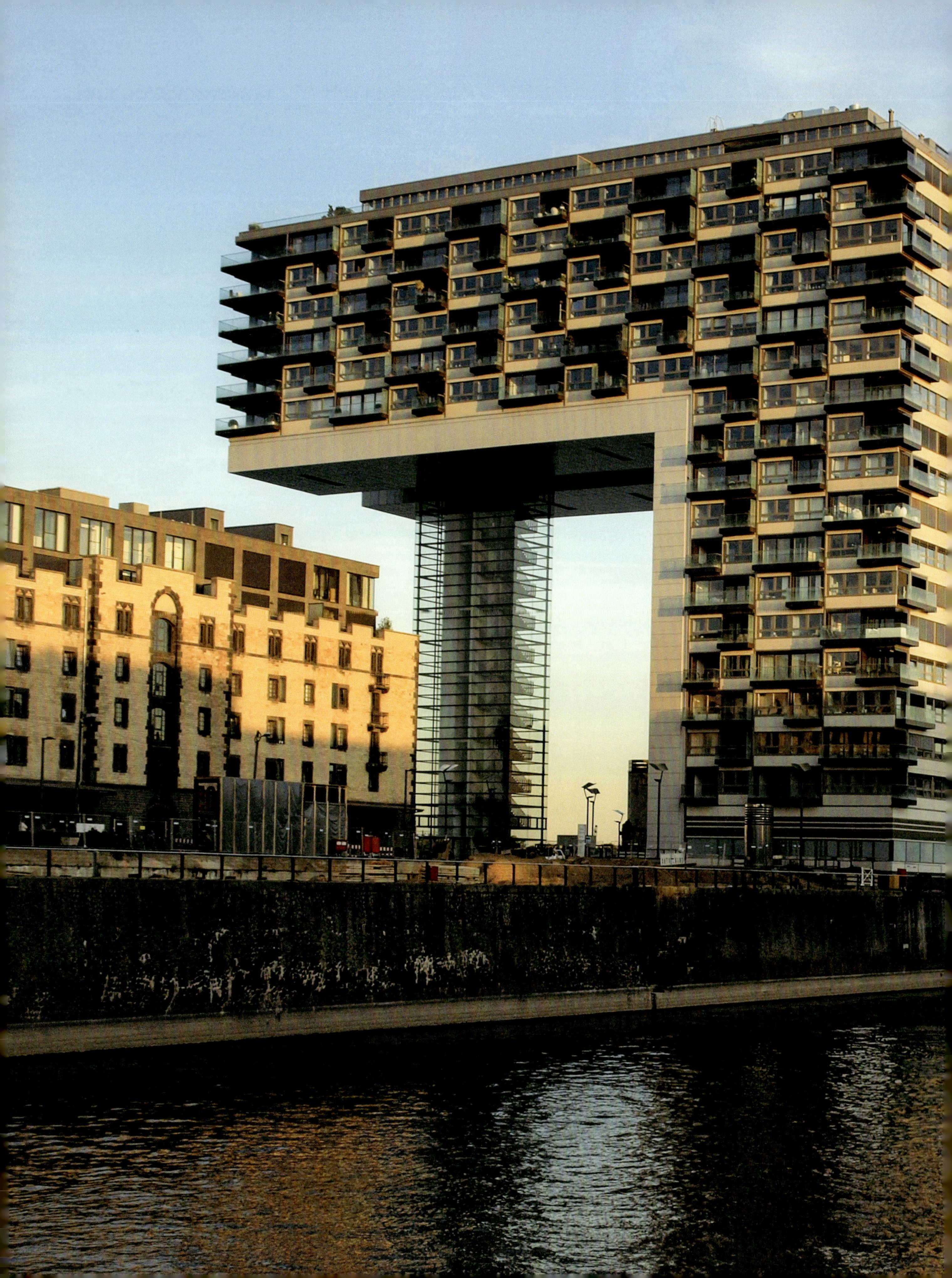

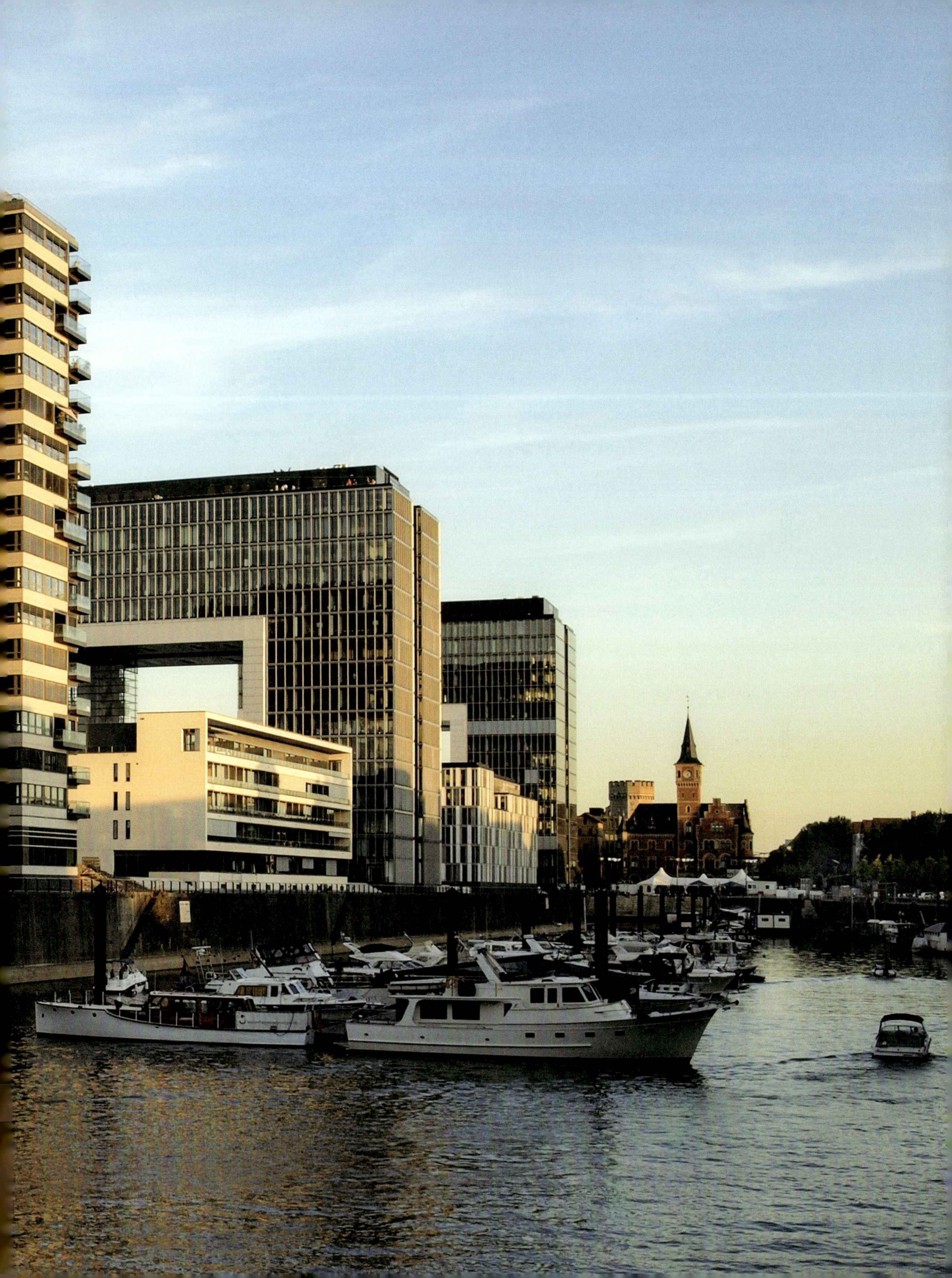

Der Rheinauhafen lädt überall zum Flanieren ein – besonders wenn die Sonne scheint.

Folgende Doppelseite:
Die Kranhäuser wirken am besten vor einem stahlblauen Himmel.

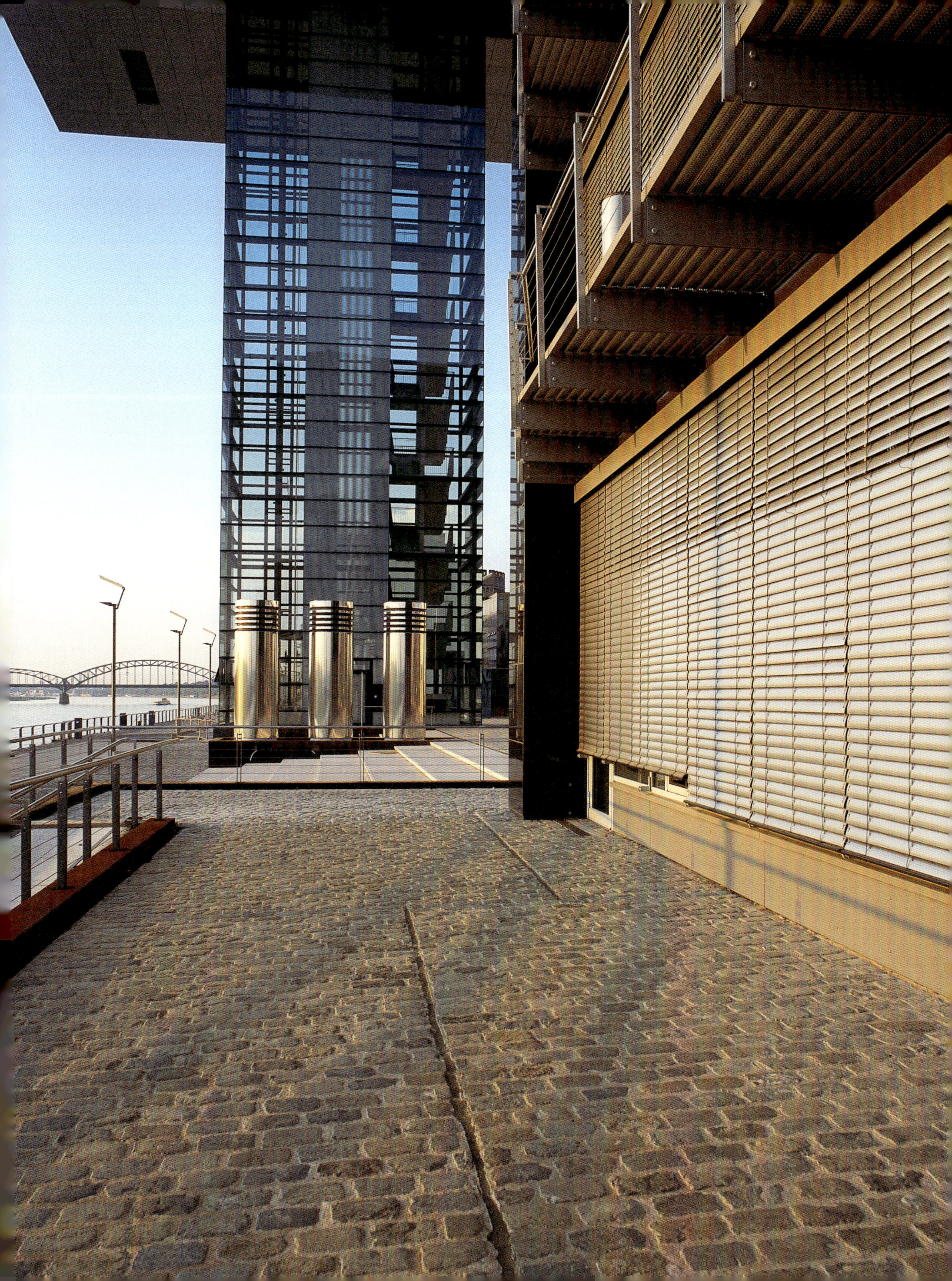

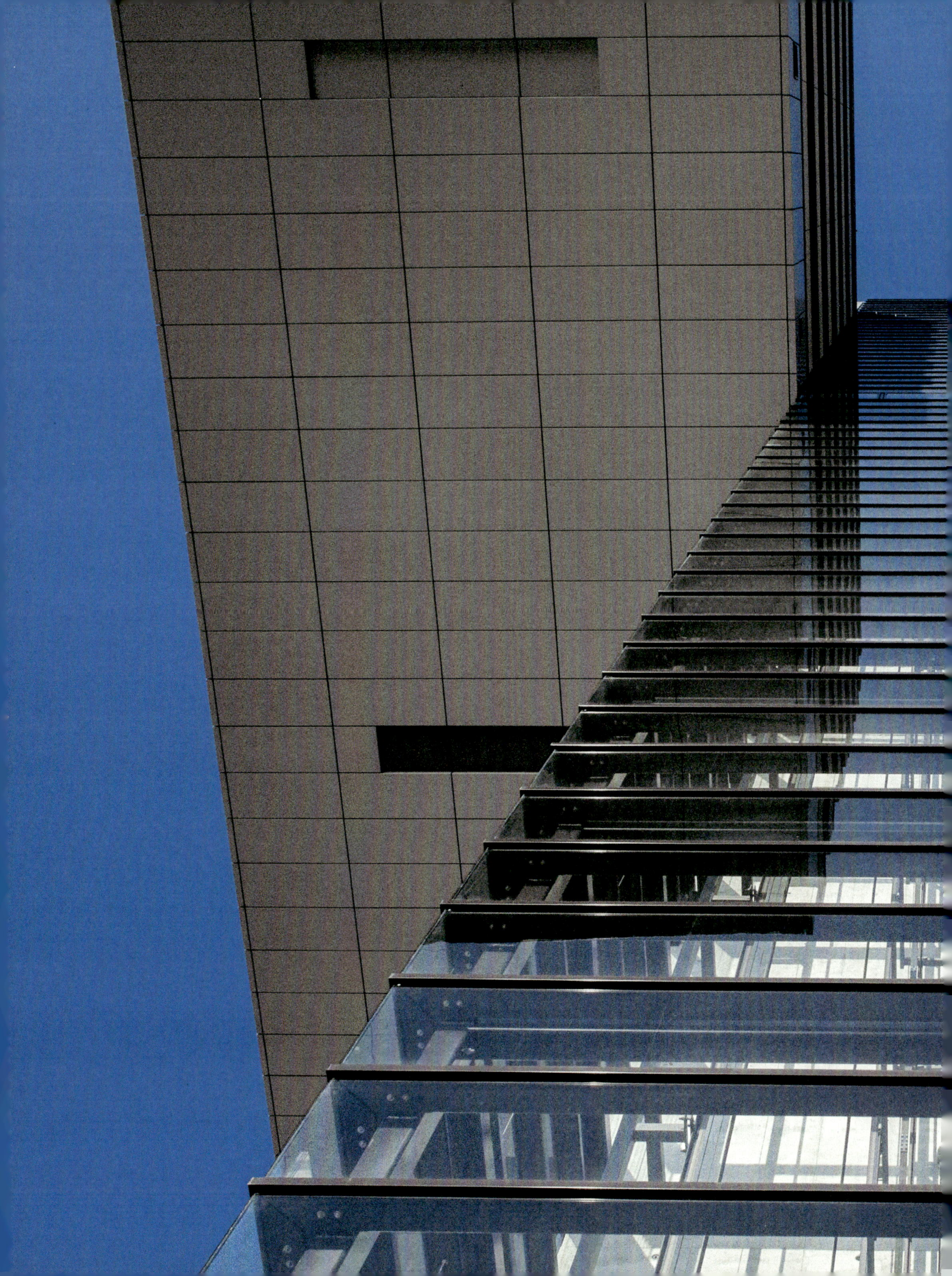

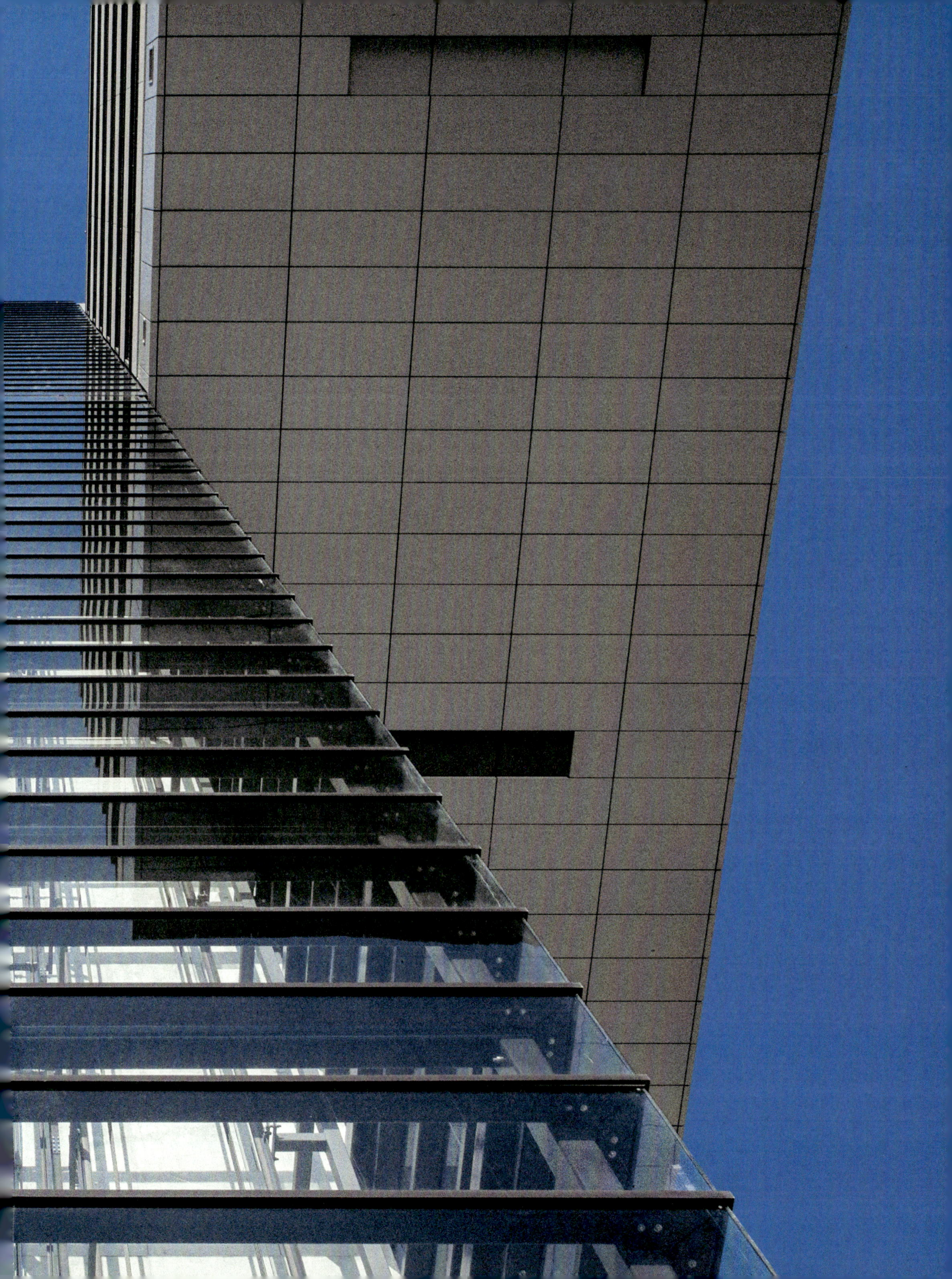

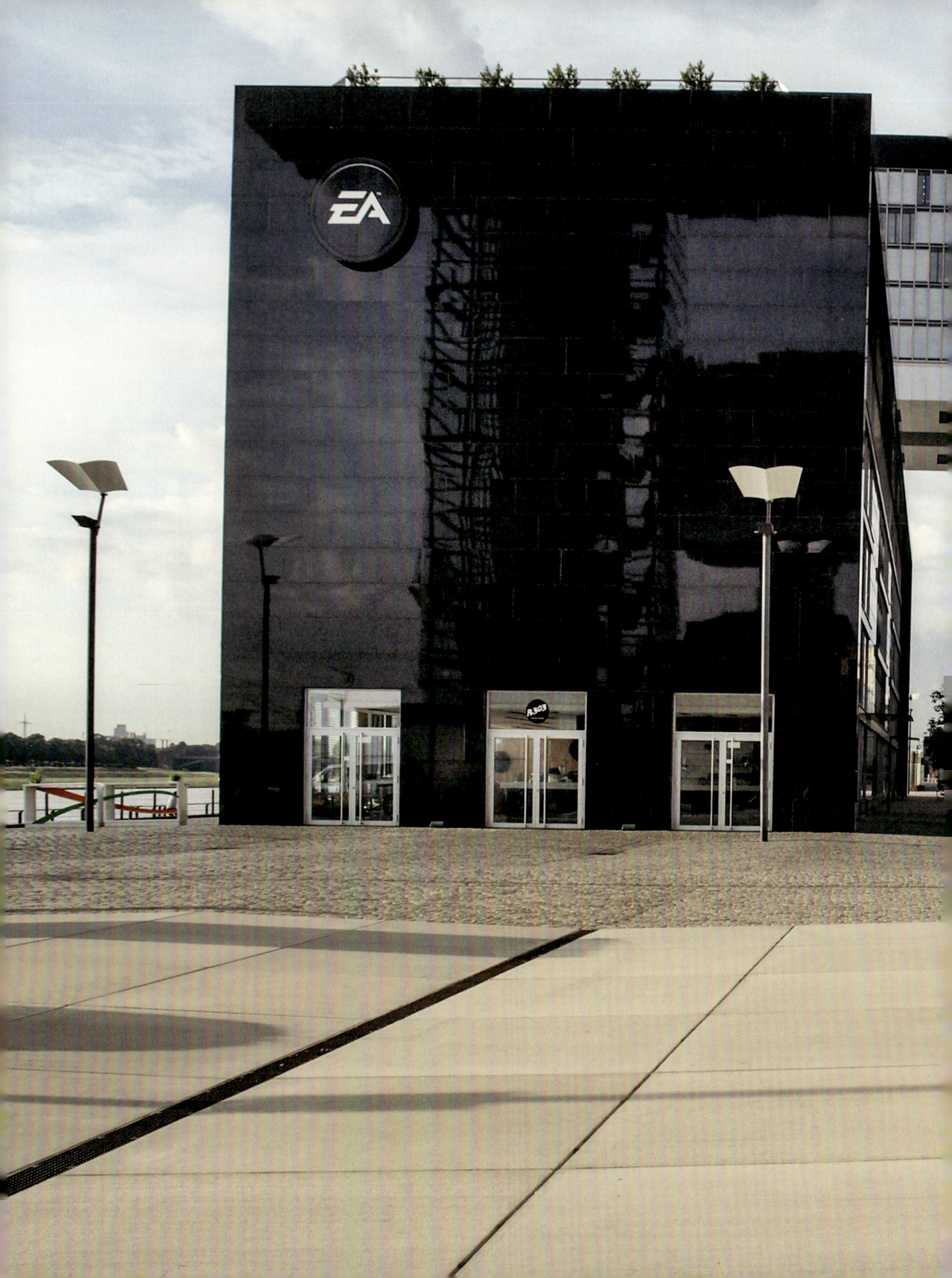
EA

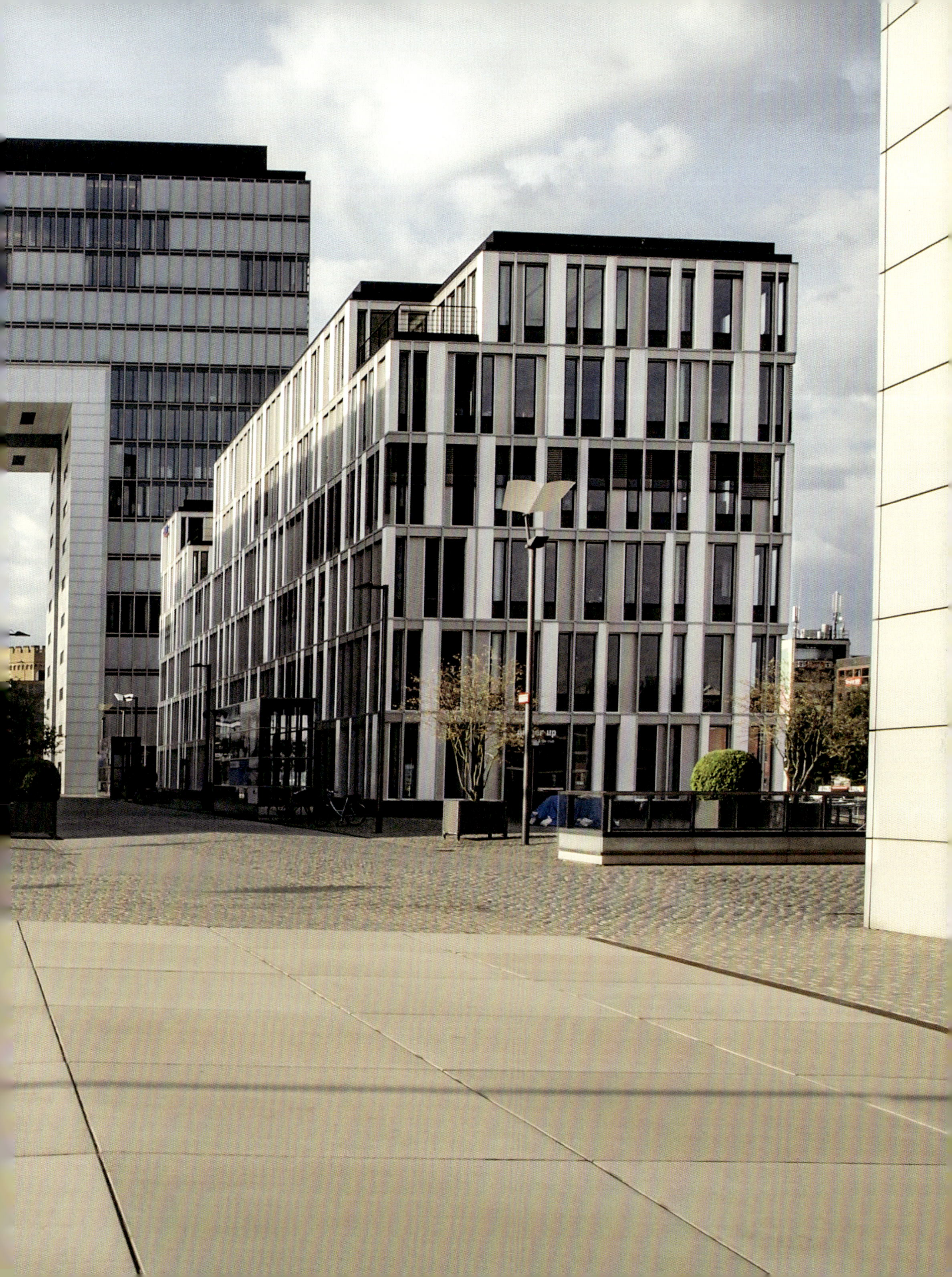

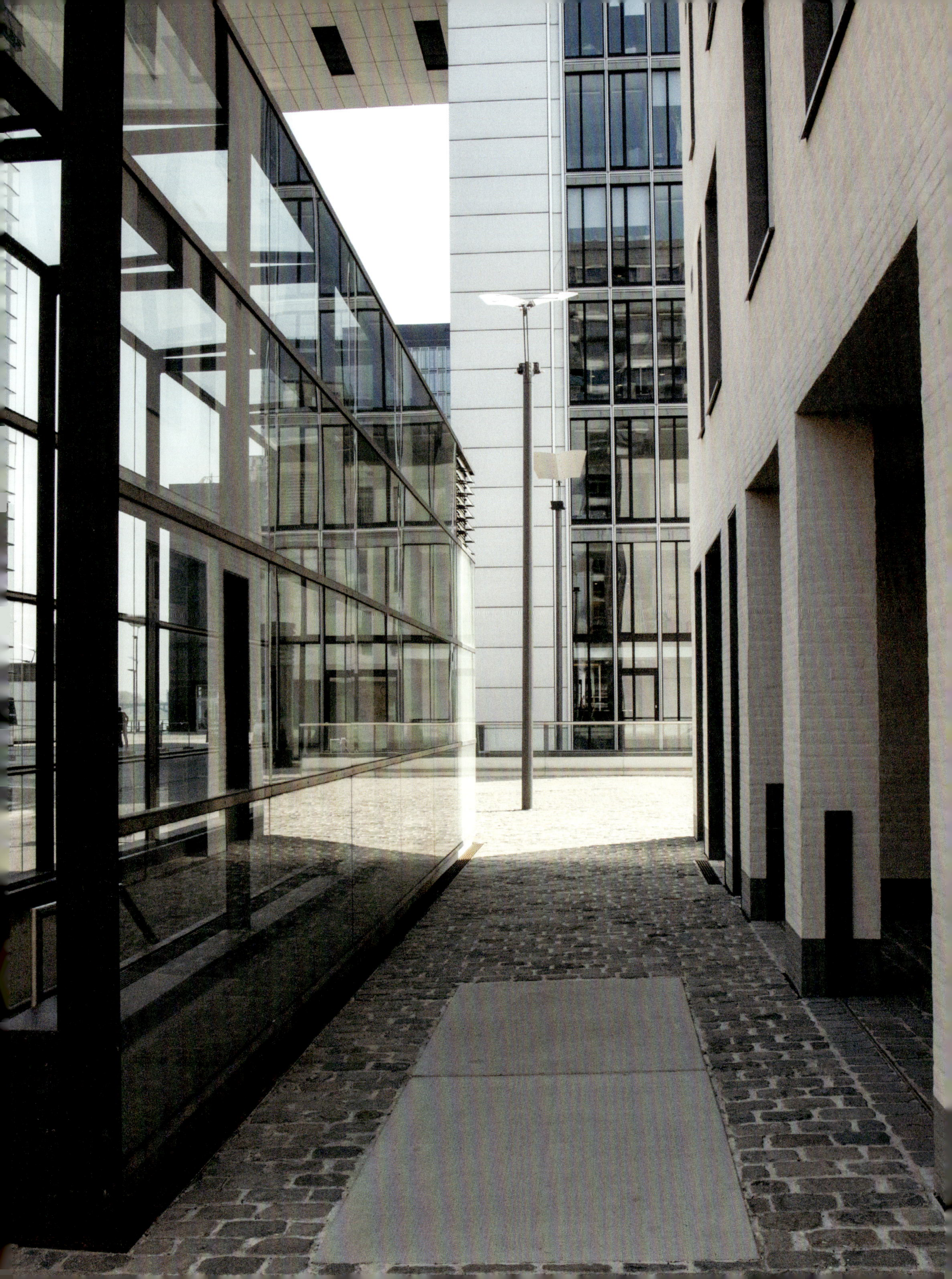

Vorherige Doppelseite:
Ist das noch Köln? Mit dem 80er-
Jahre-Flair weiter Teile der Kölner
Innenstadt haben diese Glaspaläste
nichts mehr gemein.

Links:
Zwischen den Kranhäusern
ergeben sich immer wieder faszinie-
rende Perspektiven.

Man kann auch die Treppe nehmen:
Blick in den Kranhausfuß.

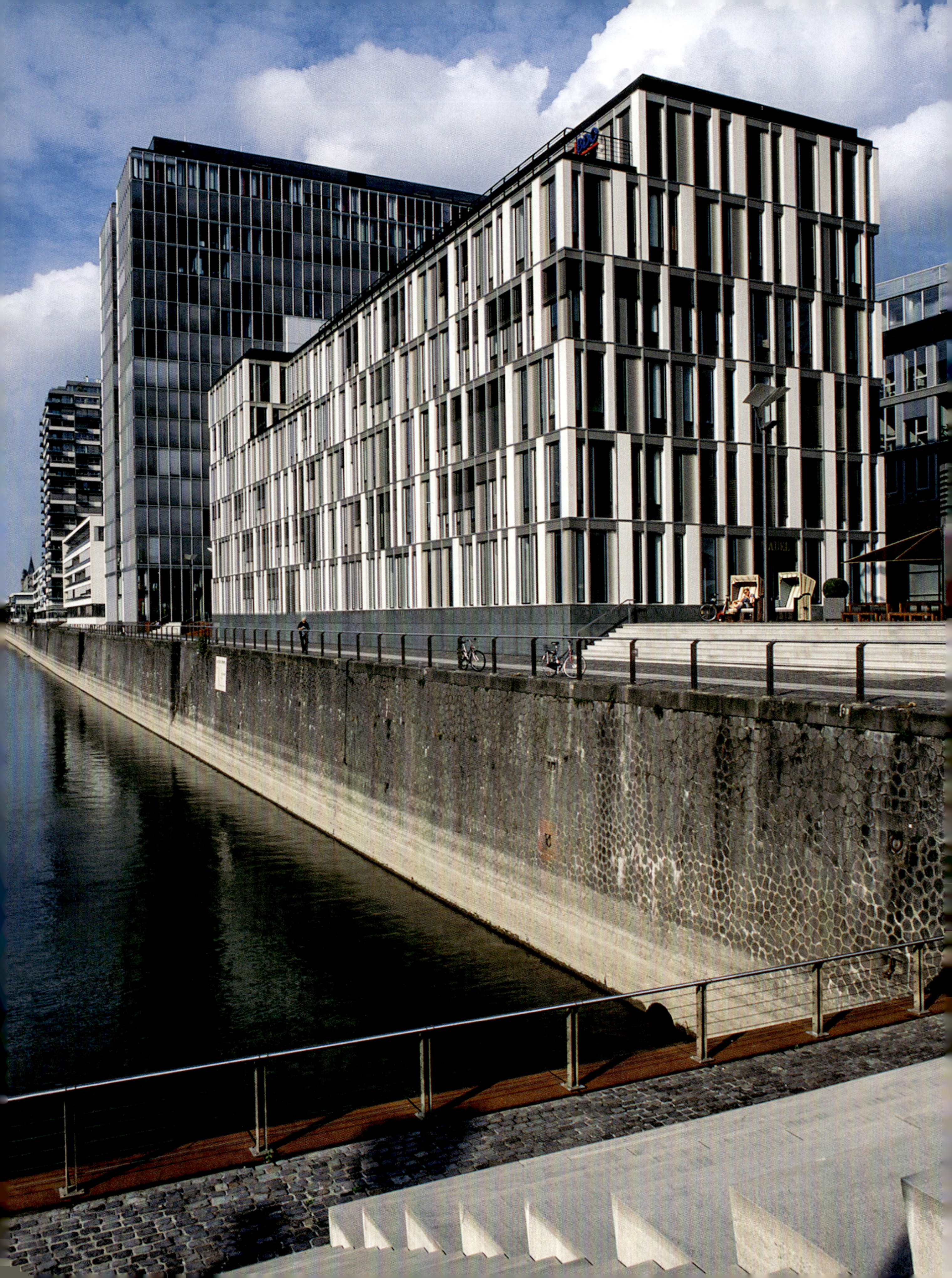

Fast schon ein abstraktes
Gemälde: die Gittermuster der
Bürohausfassaden

Das Bürohaus The Bench wurde als eines der letzten Gebäude im Rheinauhafen fertiggestellt. Hauptmieter ist der weltgrößte Hersteller von Computerspielen, Electronic Arts (EA).

Folgende Doppelseite:
Eines der klassischen Vergnügen im Rheinauhafen ist es, auf Treppenstufen in der Sonne zu sitzen und dem Treiben auf dem Fluss zuzuschauen.

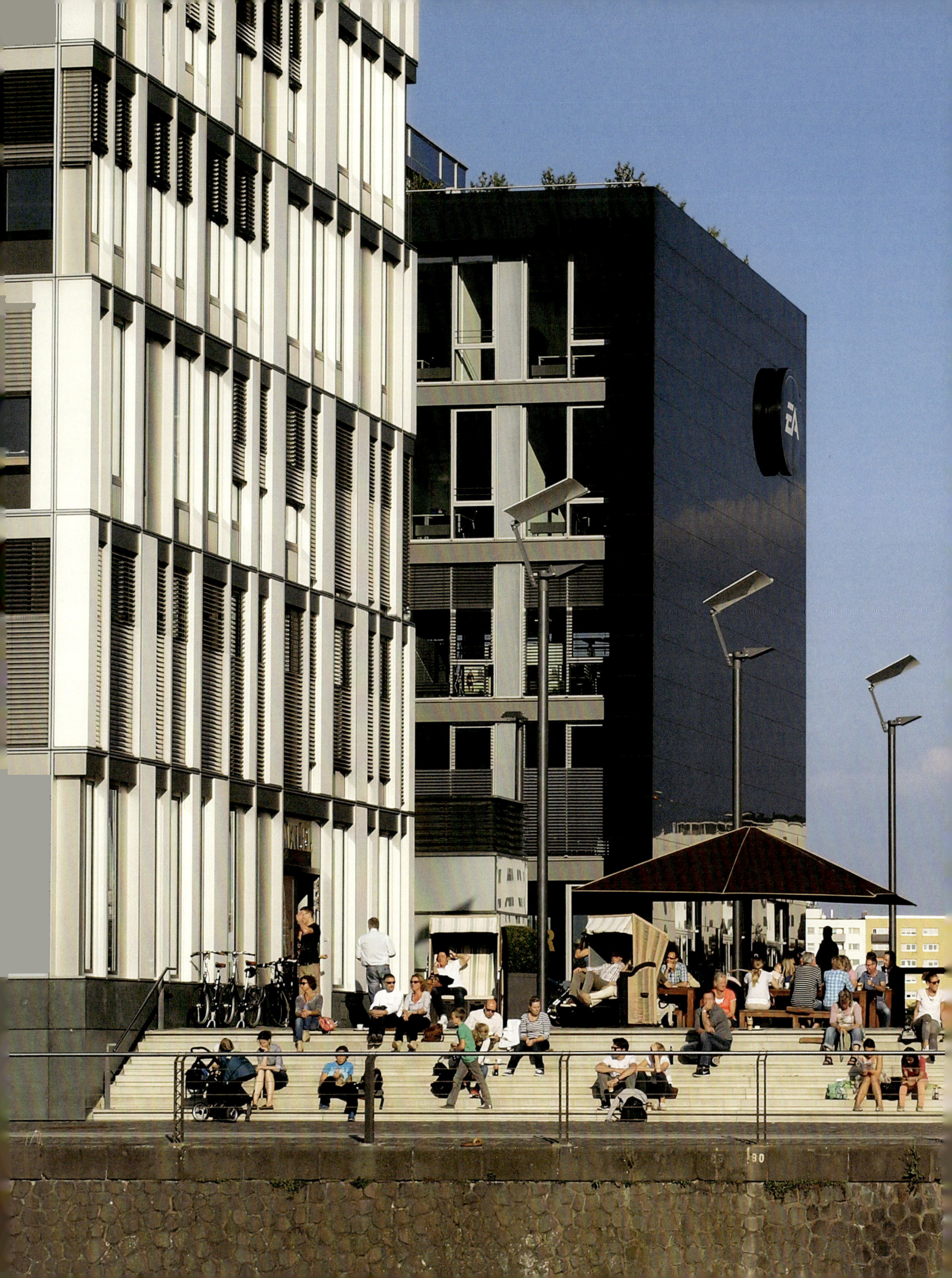

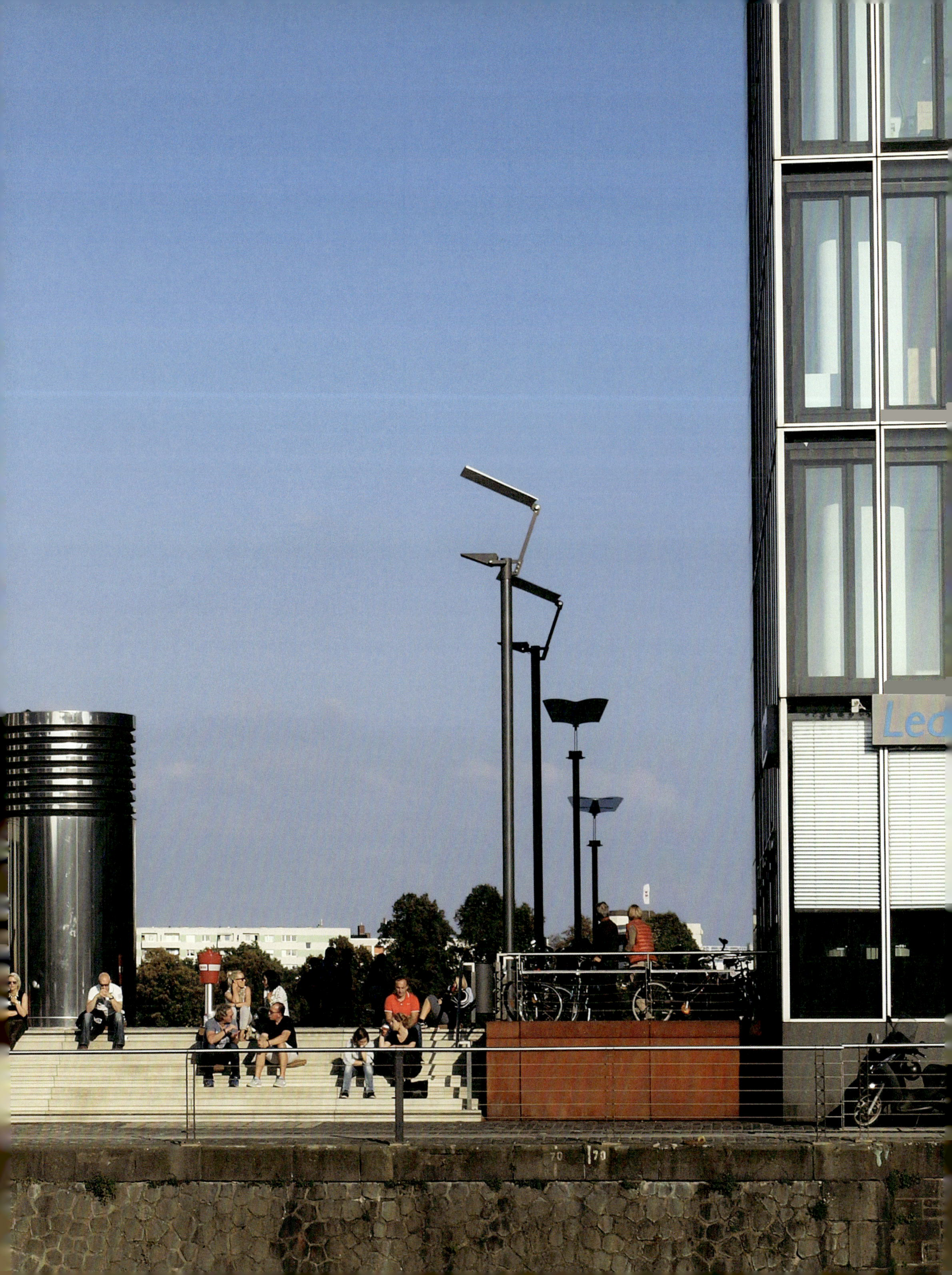

Der Uhrenturm des Hafenamts spiegelt sich in einer Glasfassade.

Futuristische Ein- und Durchblicke machen den Reiz dieses Quartiers aus. Dabei stehen die Glasfassaden mit ihren Spiegelungen immer auch in direktem Bezug zu Himmel und Wasser, zu Wetter und Tageszeit.

Im Zollhafen 24

Hier hat selbst der Zugang zur Tiefgarage Stil.

Angesichts solcher Perspektiven versteht man, warum sich der Rheinauhafen zu einem der beliebtesten Drehorte in Köln – etwa für den »Tatort« – entwickelt hat.

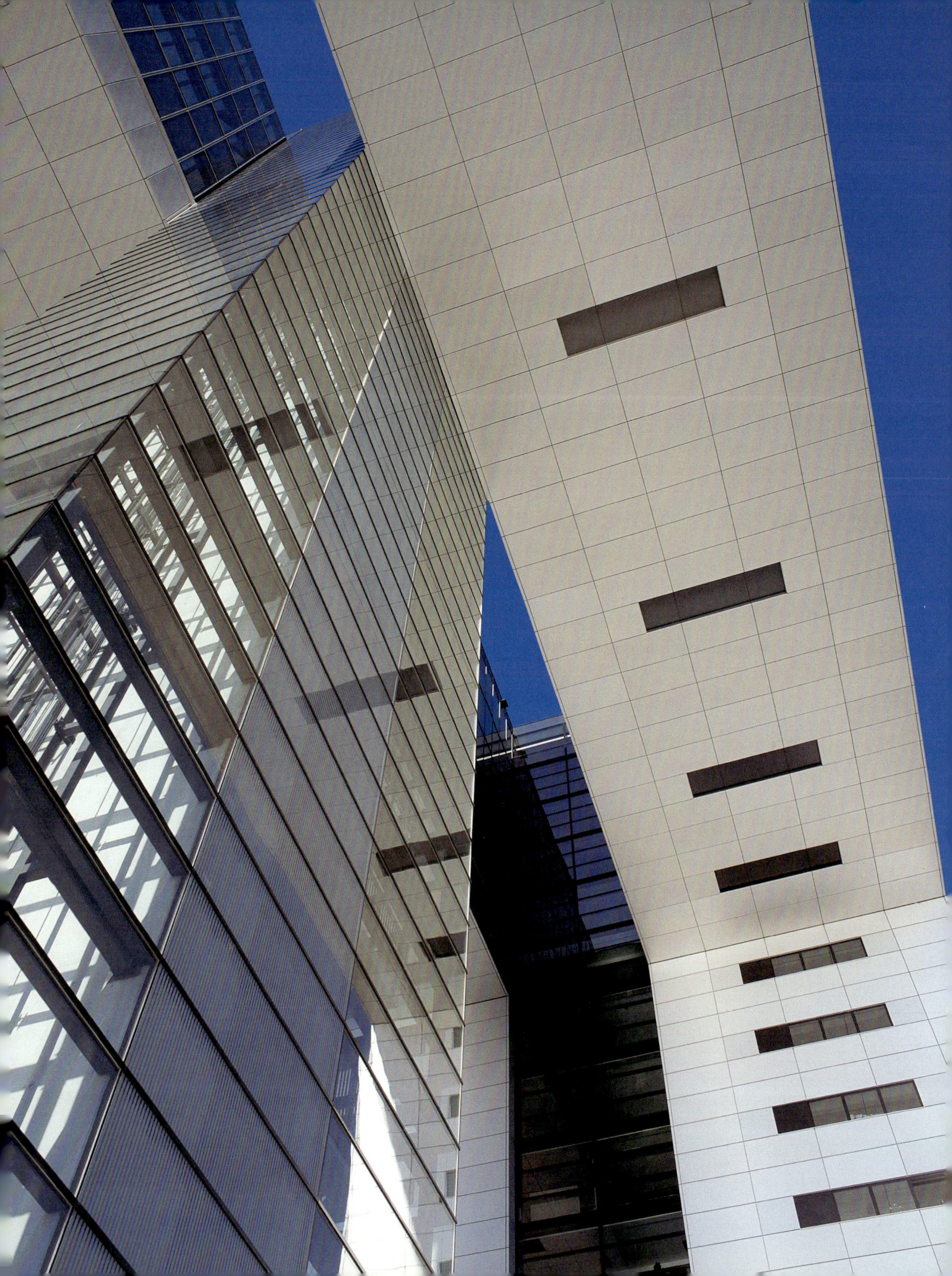

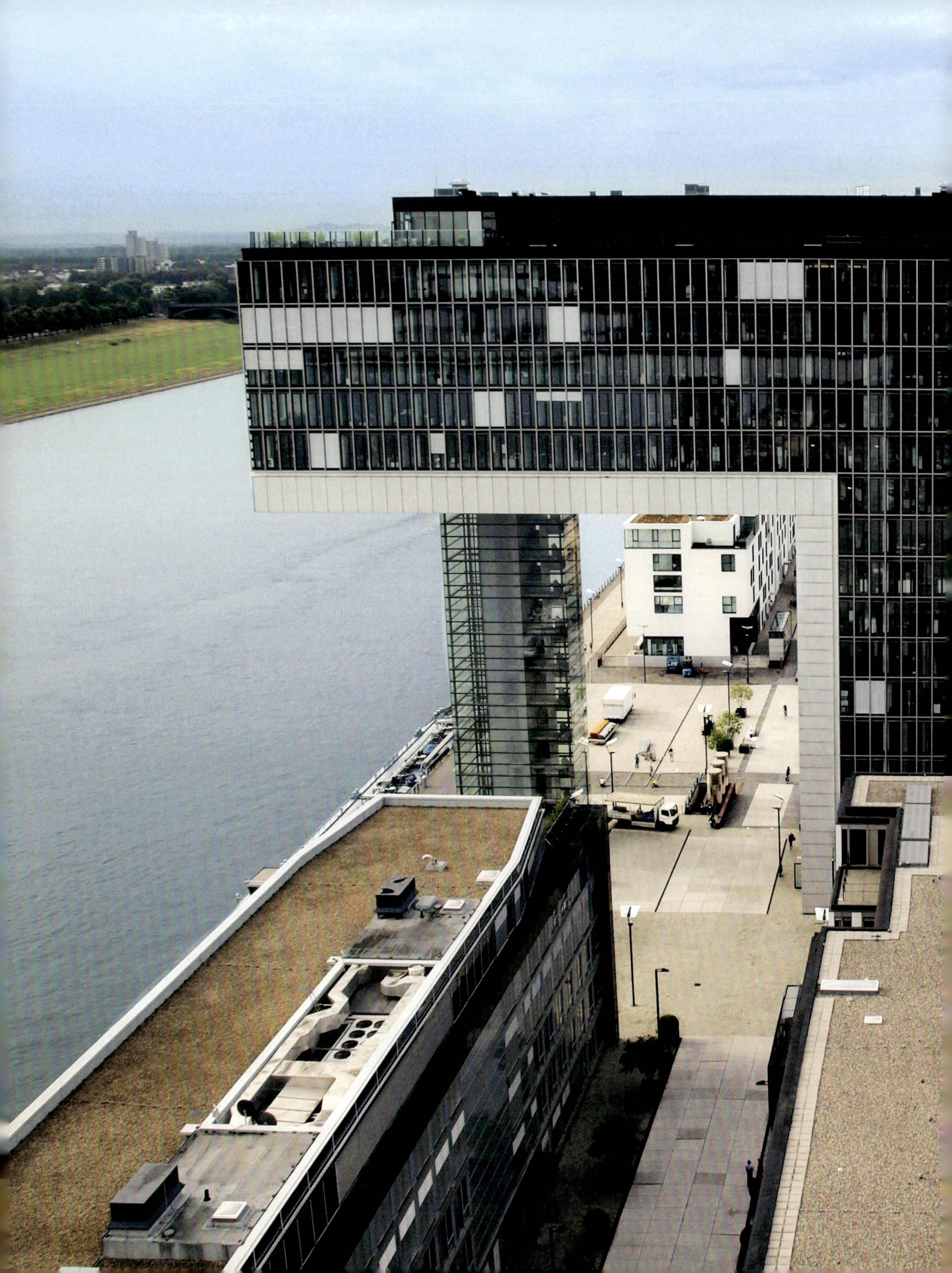

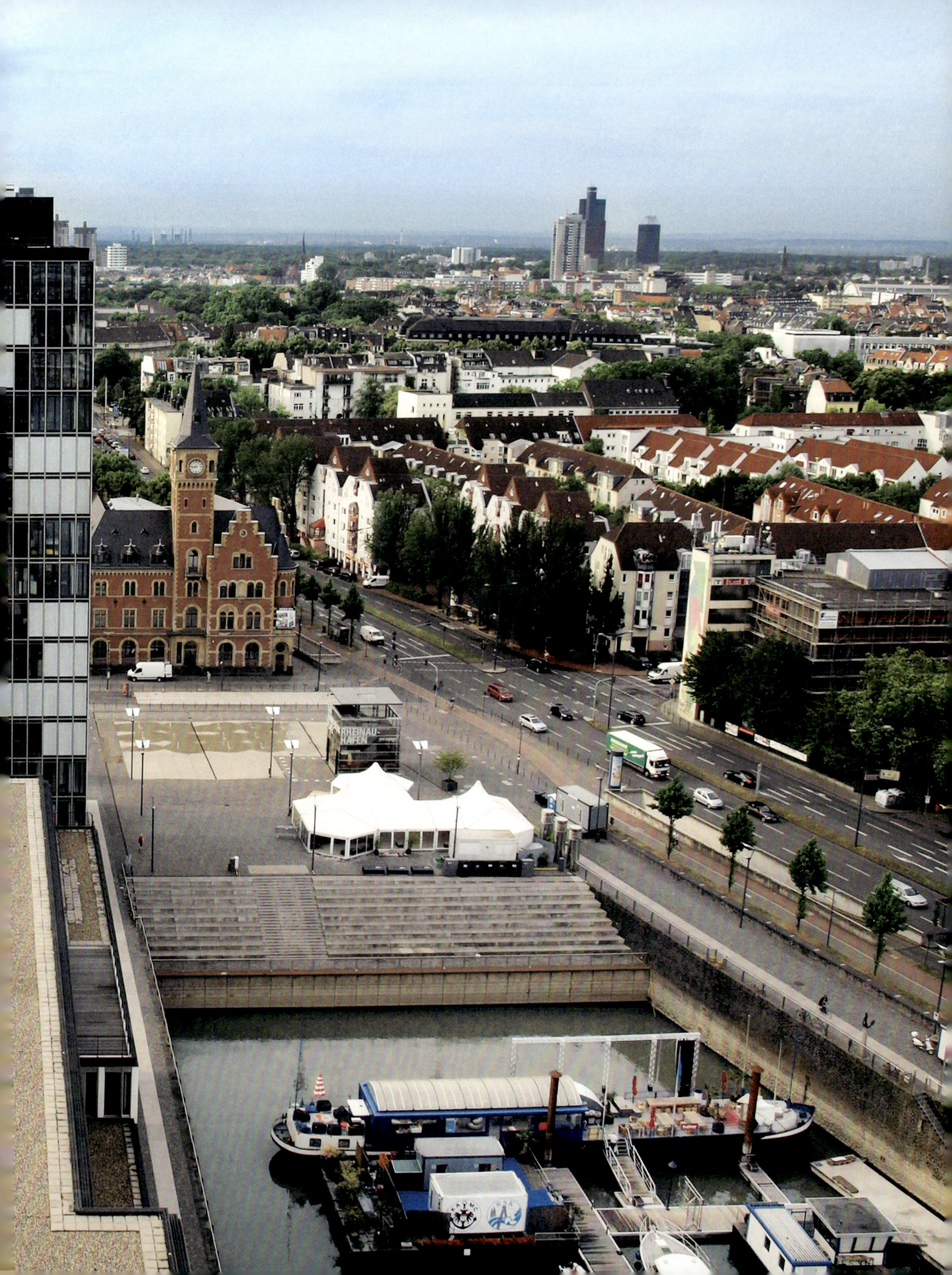
RHEINAU-
HAFEN

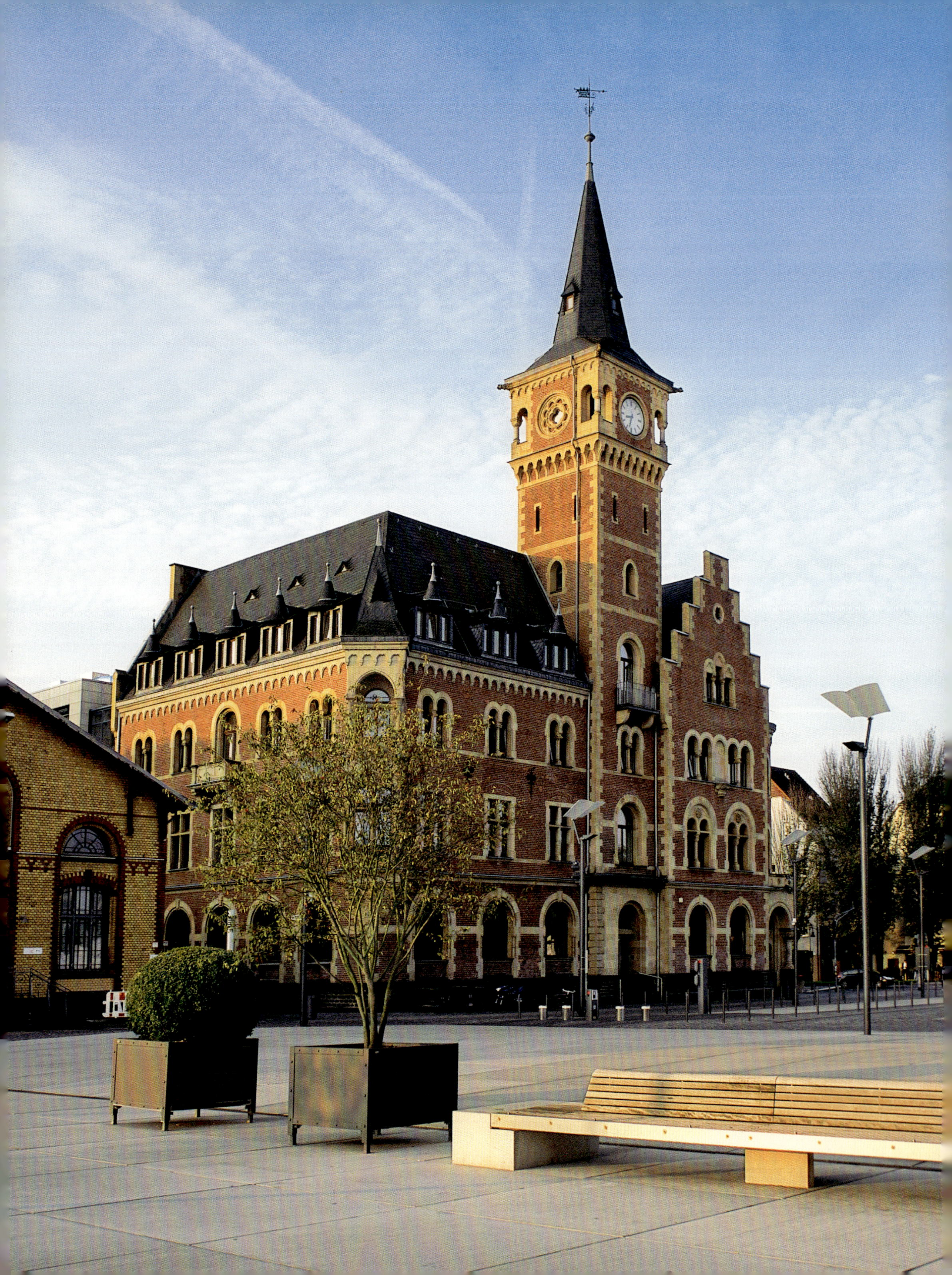

Das Wechselspiel von Alt und Neu
macht den besonderen Charme
des Rheinauhafens aus. Das Hafenamt
von 1898 mit seinem zierlichen
Uhrturm ist dabei ein besonderes
Schmuckstück.

Vorherige Doppelseite:
Das ist kein Leben mehr am Fluss –
das ist Leben über dem Fluss.

Folgende Doppelseite:
Die elektrisch angetriebenen Pumpen
des Kraftwerks erzeugten einst
Druckwasser, das in Kanäle abgeleitet
wurde und dann Kräne und Aufzüge
im Hafengebiet antrieb.
Das ehemalige Krafthaus ist heute
der inspirierende Sitz einer Kommuni-
kationsagentur.

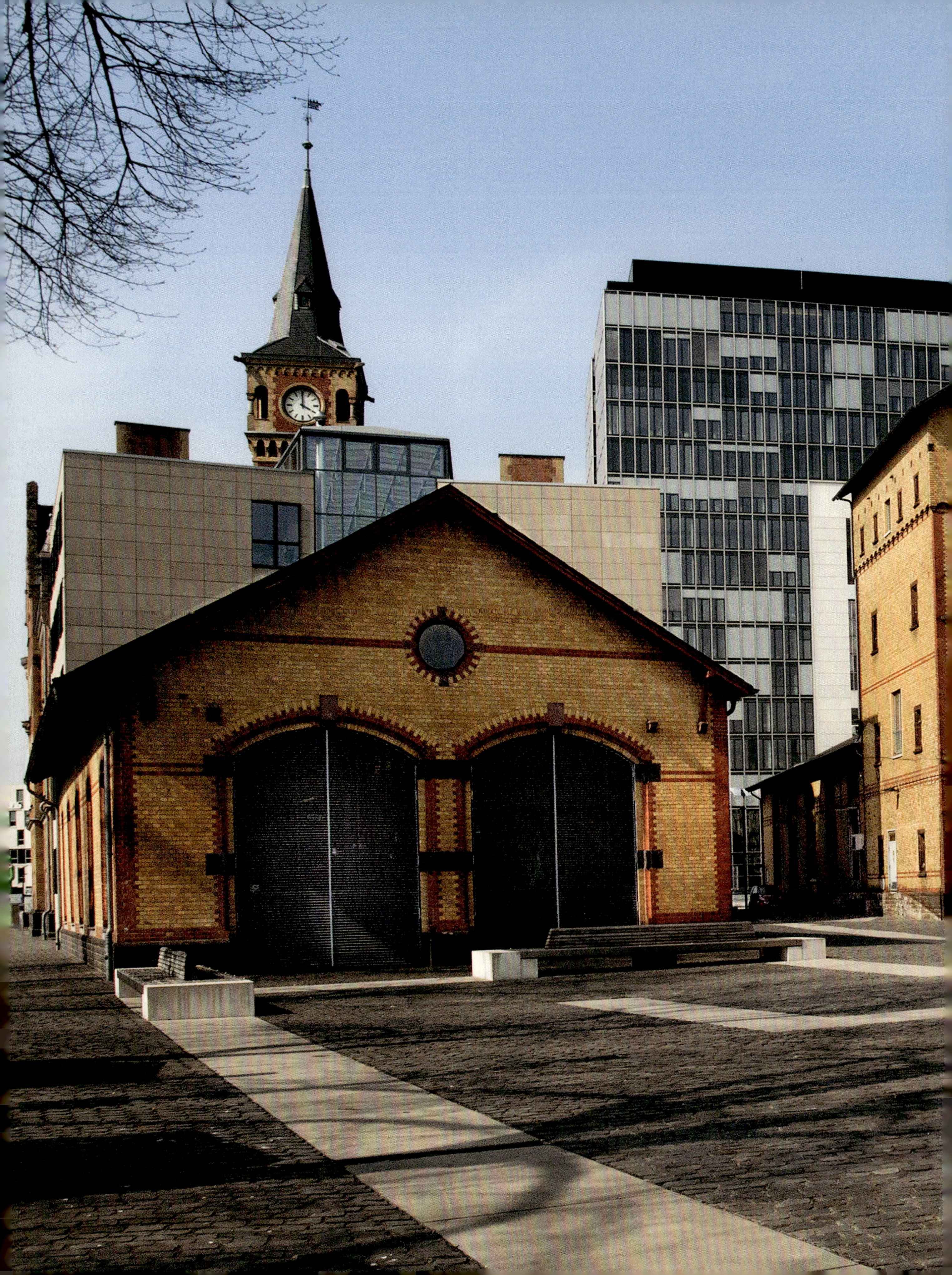

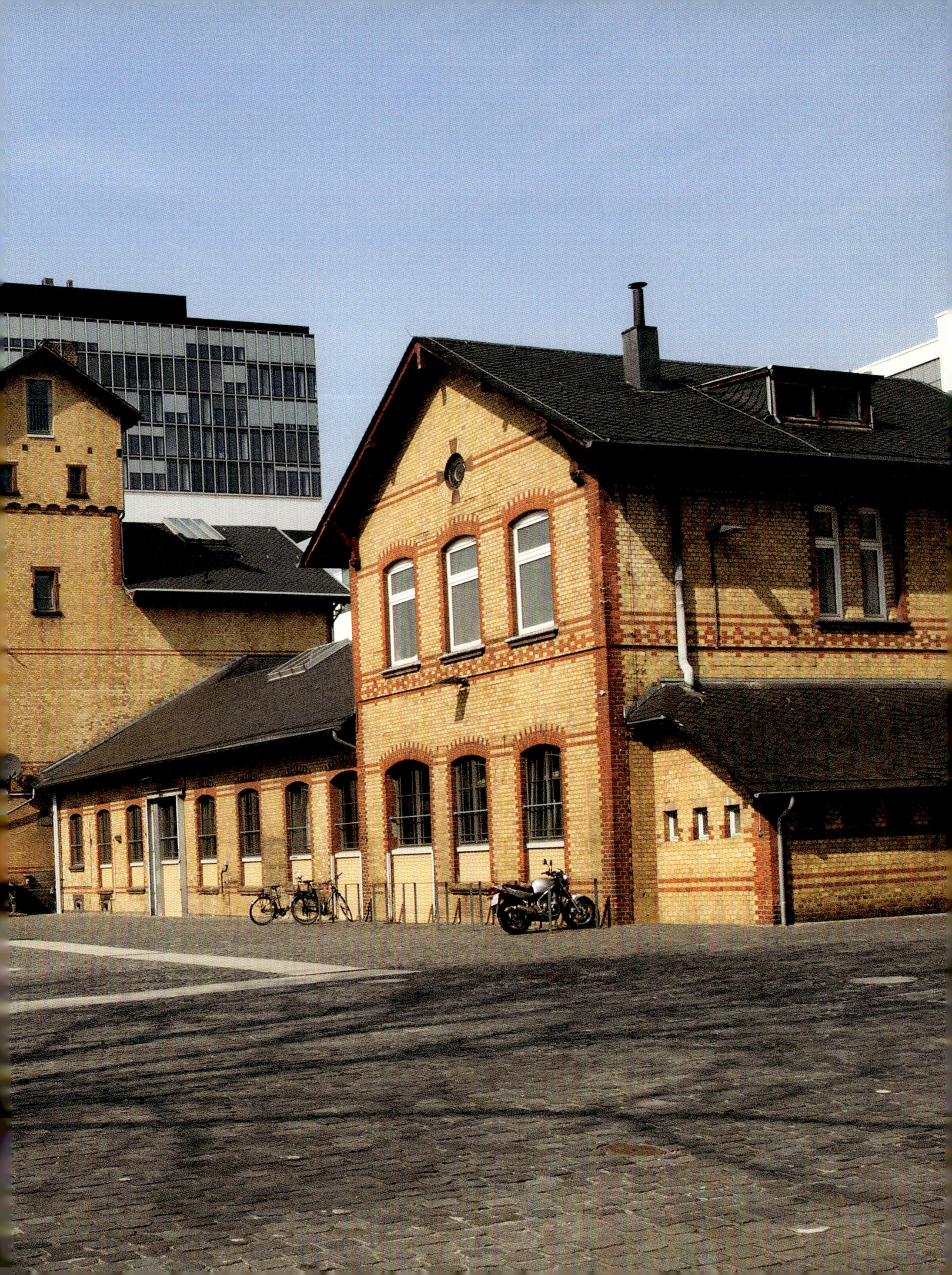

Der aus dem Mittelalter stammende Bayenturm, einst eine Zwingburg des Erzbischofs, wurde im Zweiten Weltkrieg bis auf einen Stumpf zerstört, Ende der 1980er-Jahre jedoch wieder aufgebaut. Heute beherbergt der Turm das Frauenarchiv und die »Emma«-Redaktion von Alice Schwarzer.

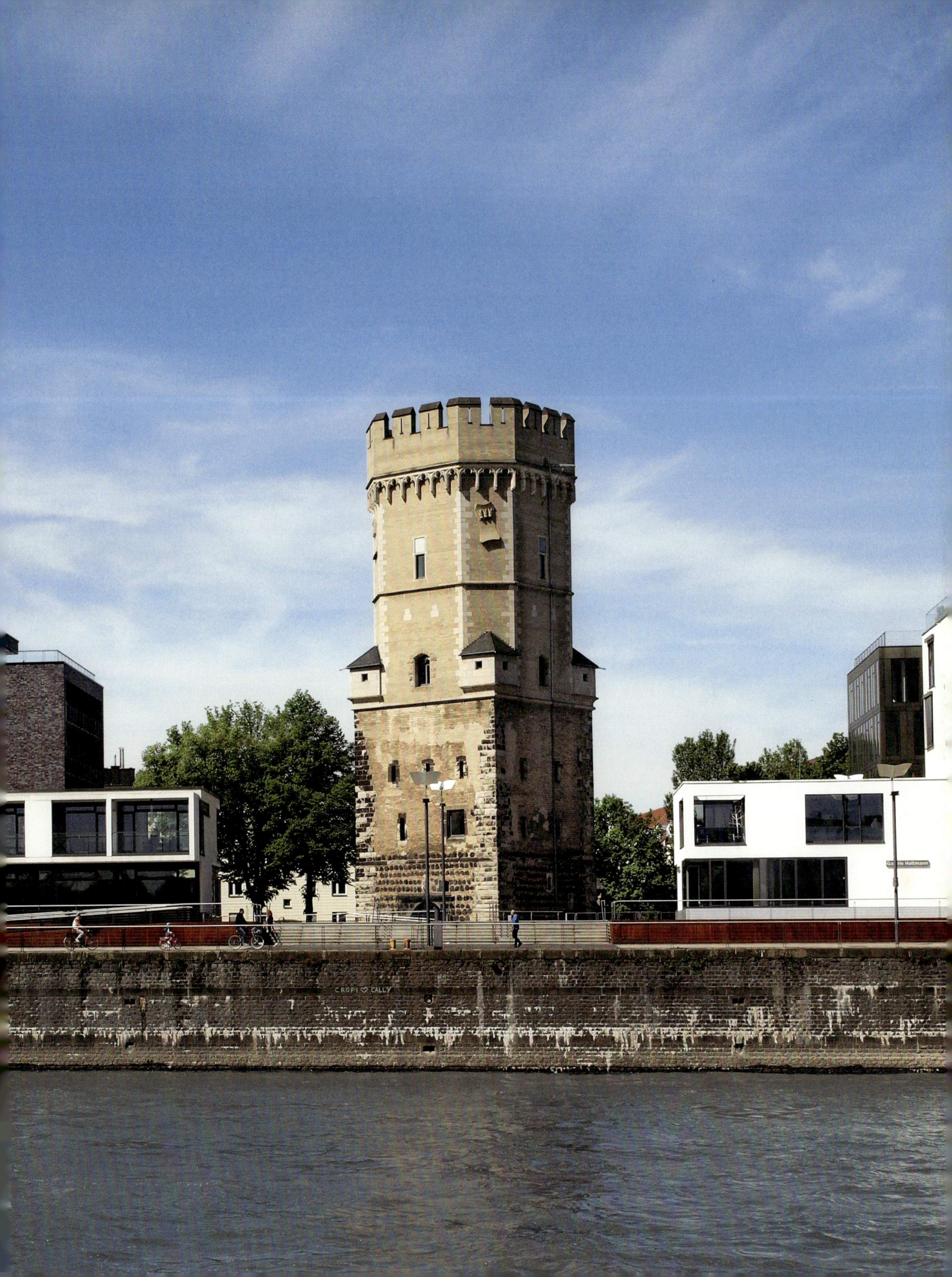
Holtmann

Frühmorgens kann man hier auf
der Promenade die Stille am Wasser
genießen.

Vor- und zurückspringende Quader
prägen die interessante Architektur
der wohnwer(f)t 18.20.

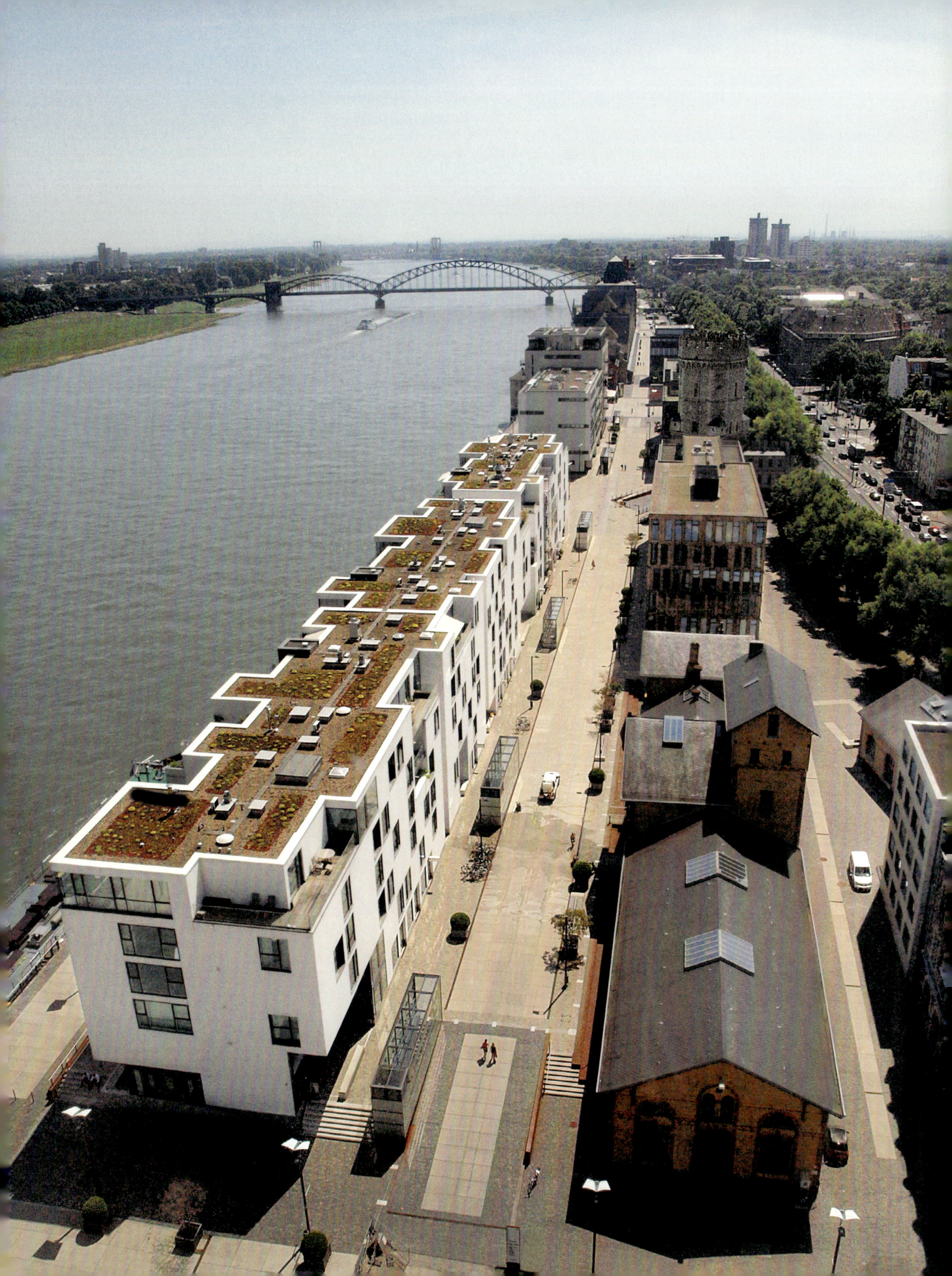

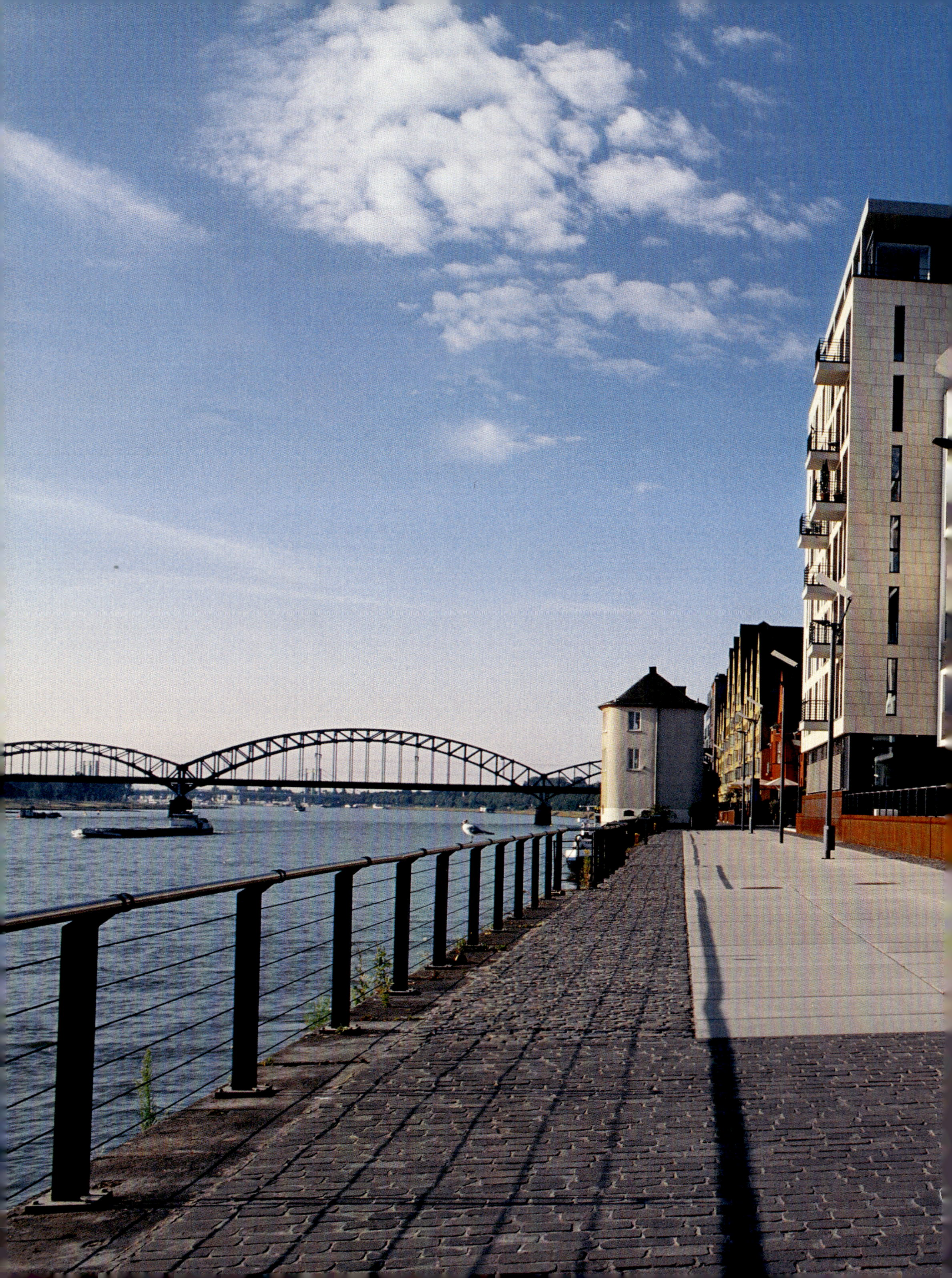

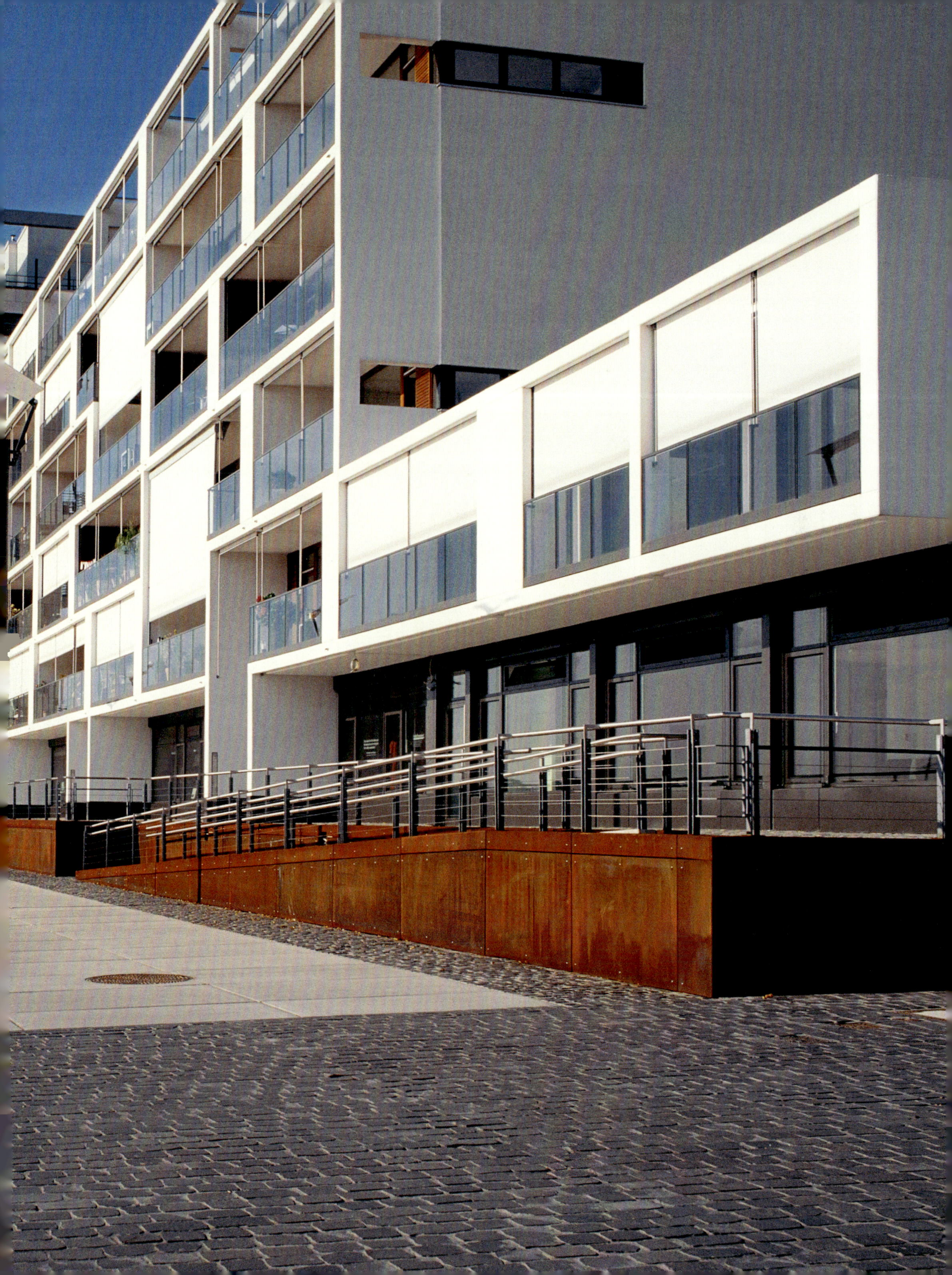

Die luftigen Apartments von home4 wurden von Stararchitekt Hadi Teherani entworfen.

Vorherige Doppelseite:
In diesen nach Osten gewandten Wohnungen kann man spektakuläre Sonnenaufgänge über dem Rhein erleben.

Die Ziegelfassade des Baufeld 21 will dem historischen Bayenturm bewusst keine Konkurrenz machen.

Folgende Doppelseite:
Leben, Arbeiten, Ausgehen: Im Rheinauhafen liegt dies alles ganz dicht beieinander. Wer das Glück hat, hier zu wohnen, vergeudet keine Lebenszeit als Pendler.

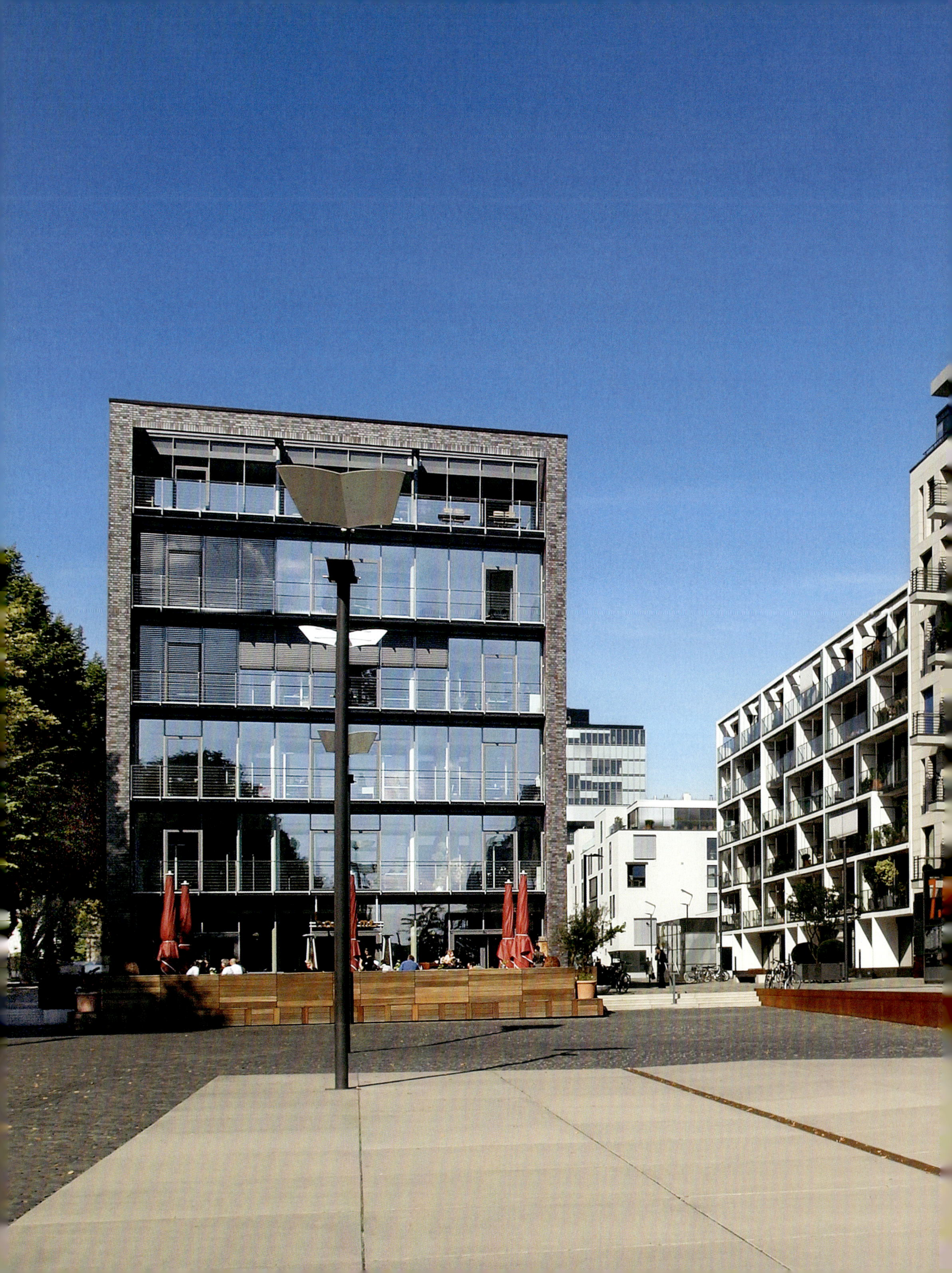

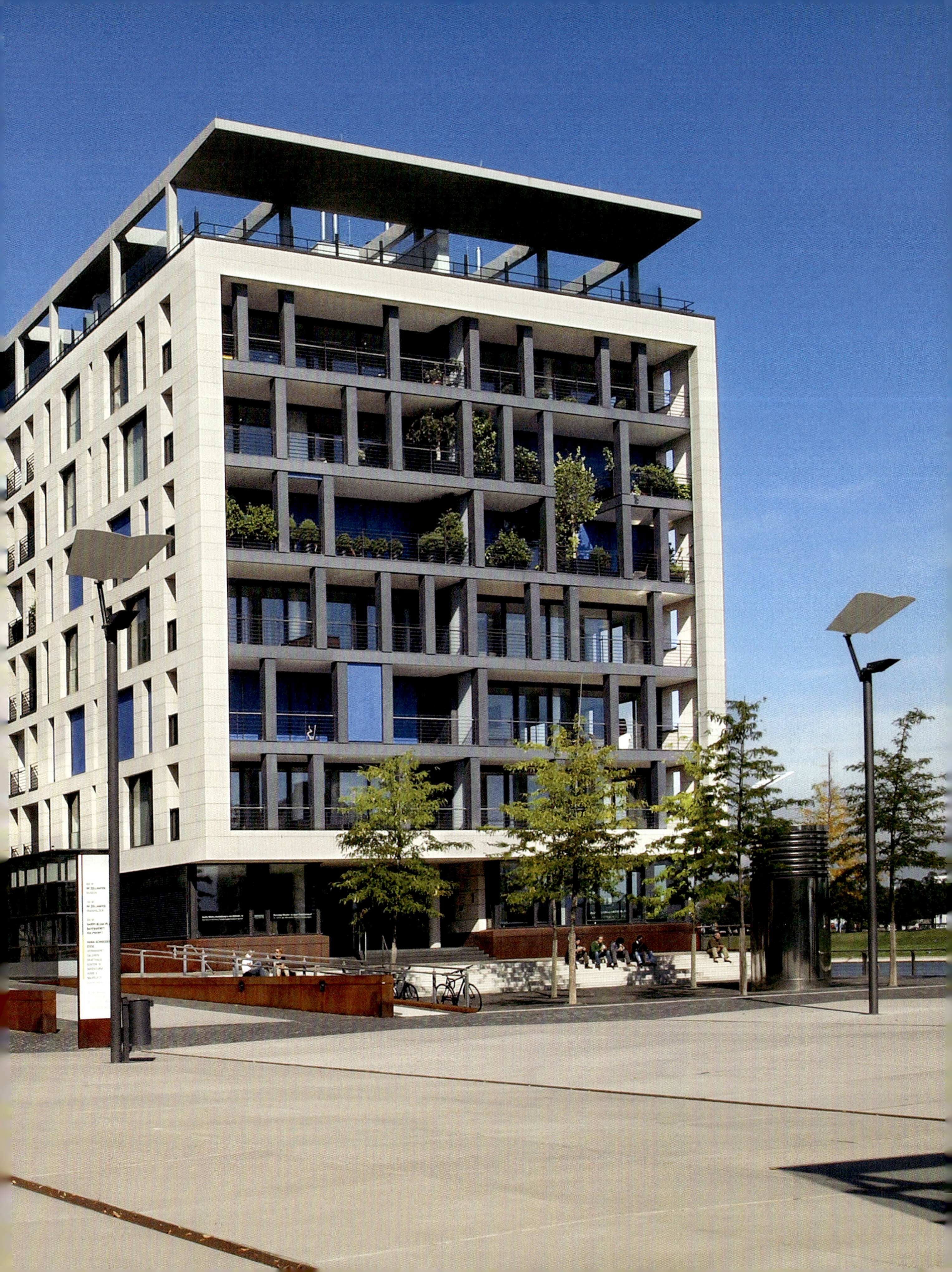

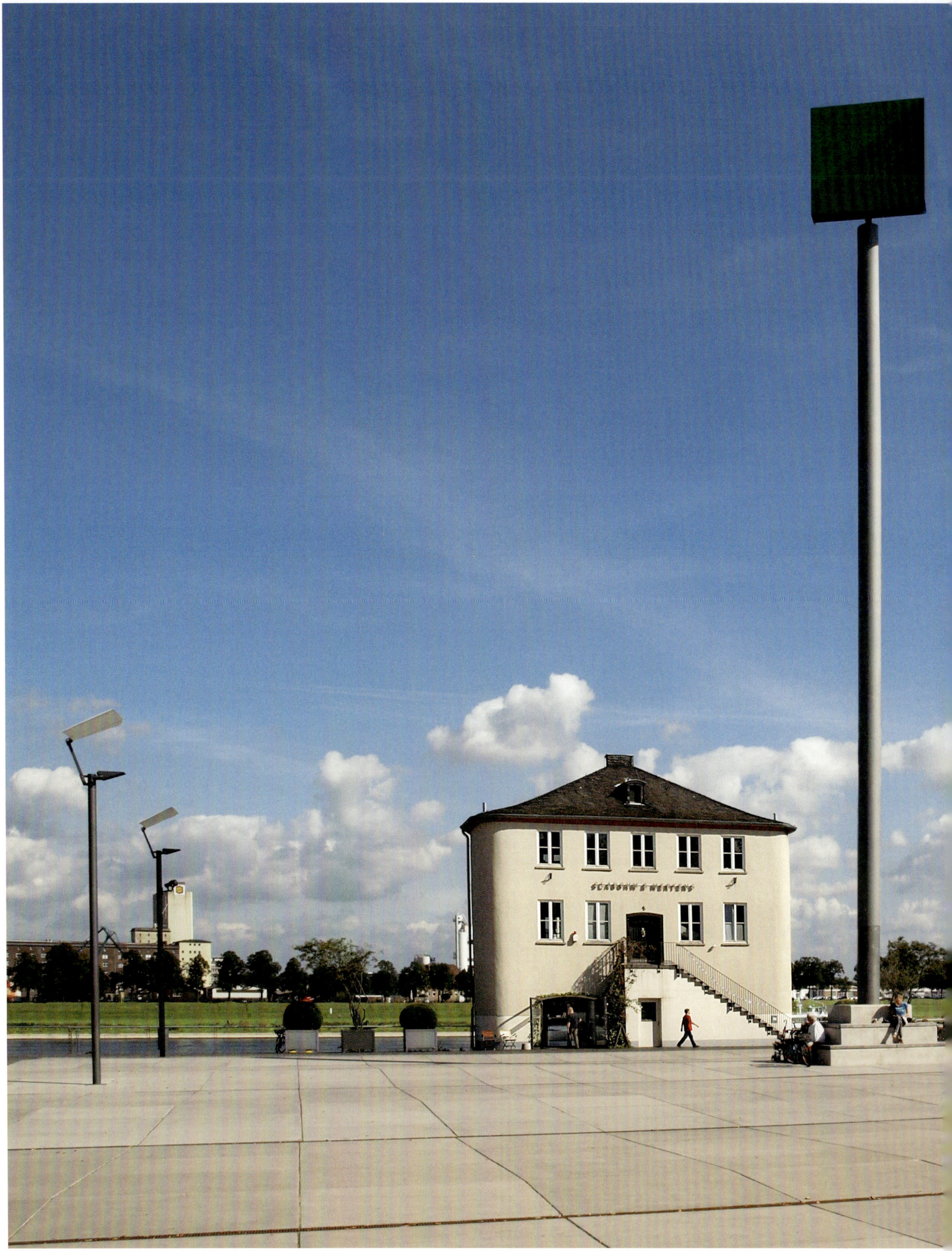

»Um im Ernstfalle die Sicherheit des Rheinstromes zu gewährleisten«, entstand Ende des 19. Jahrhunderts die Rheinbastion, zwischenzeitlich Sitz einer Gold- und Silberschmiede. Der Name des davor gelegenen Platzes erinnert an die Kölner Goldschmiedin Elisabeth Treskow (1898–1992).

Das rote Rheinkontor von 1909 mit seinen charakteristischen Dachgauben liegt direkt neben dem senfgelben »Siebengebirge«.

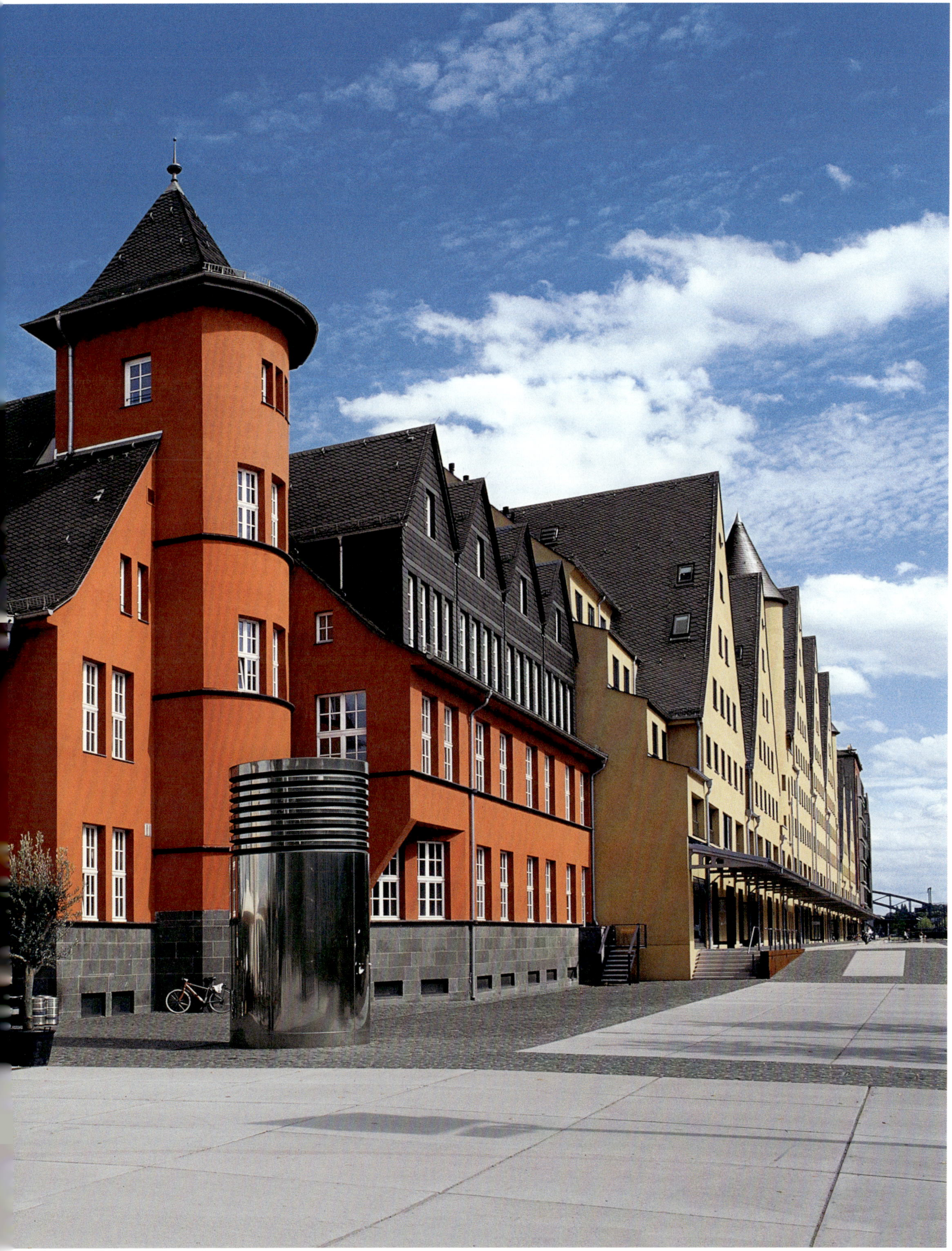

Das 170 Meter lange »Siebengebirge« war ursprünglich als »Danziger Lagerhaus« bekannt, doch die Kölner fühlten sich durch die sieben charakteristischen Giebel an ihr Hausgebirge erinnert und tauften es mit der Zeit um.

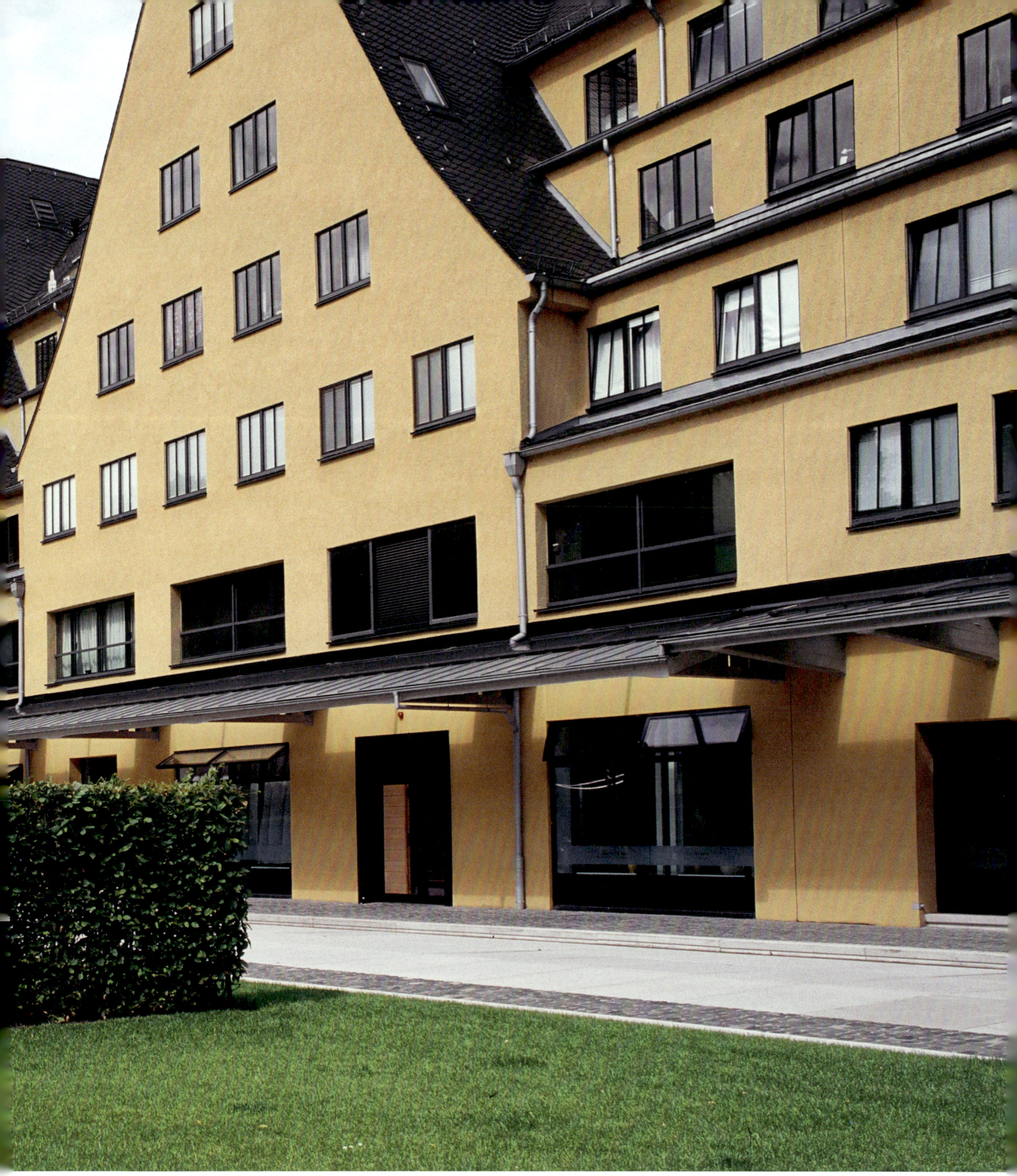

Das hellrot leuchtende Silo 23
war einst ein Getreidespeicher ohne
Fenster.

Folgende Doppelseite:
Das KAP am Südkai, ein 130 Meter
langer Glaspalast, bildet den südlichen Abschluss des Hafens. Es wurde
komplett neu errichtet.

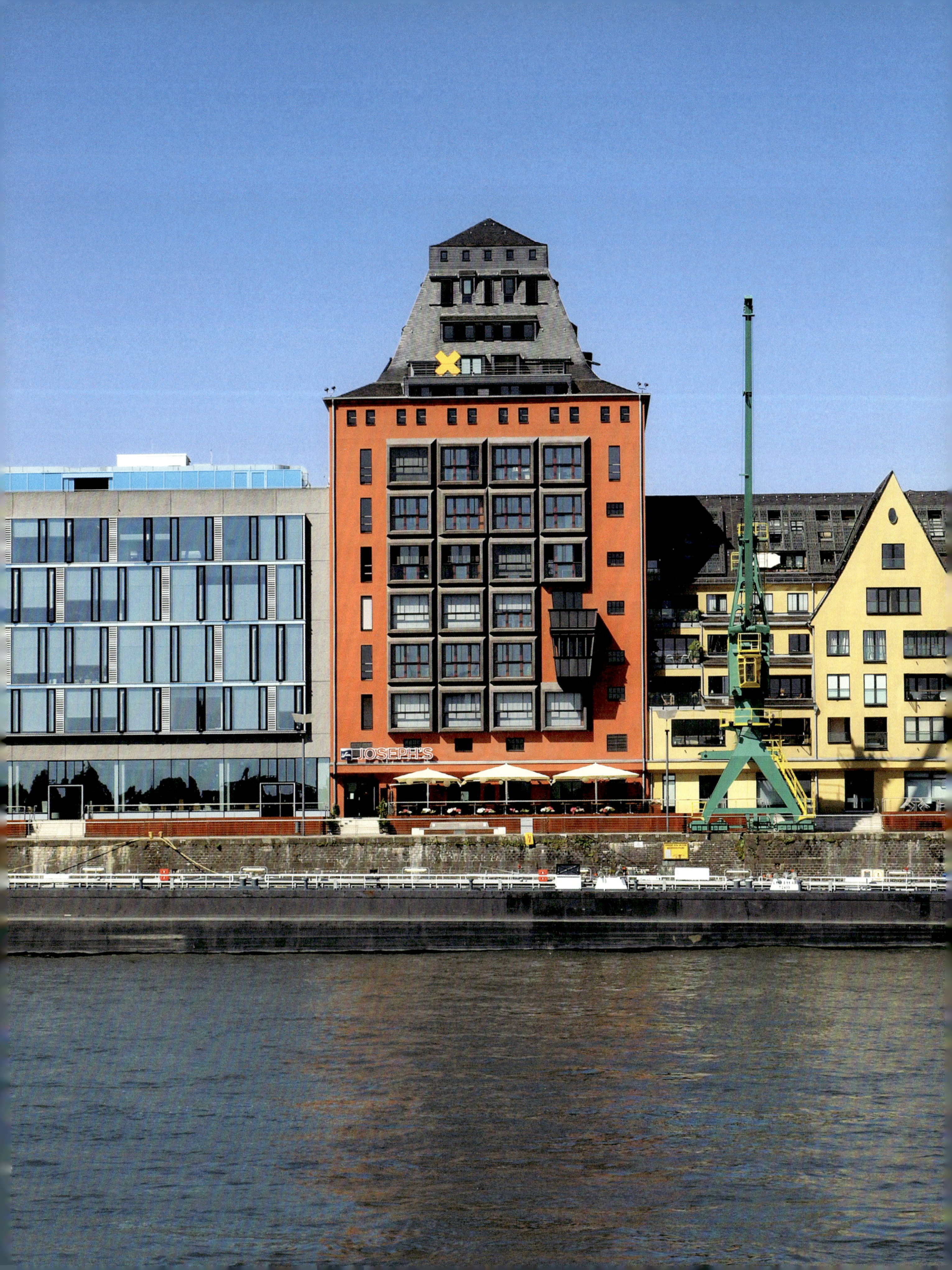
JOSEPH'S

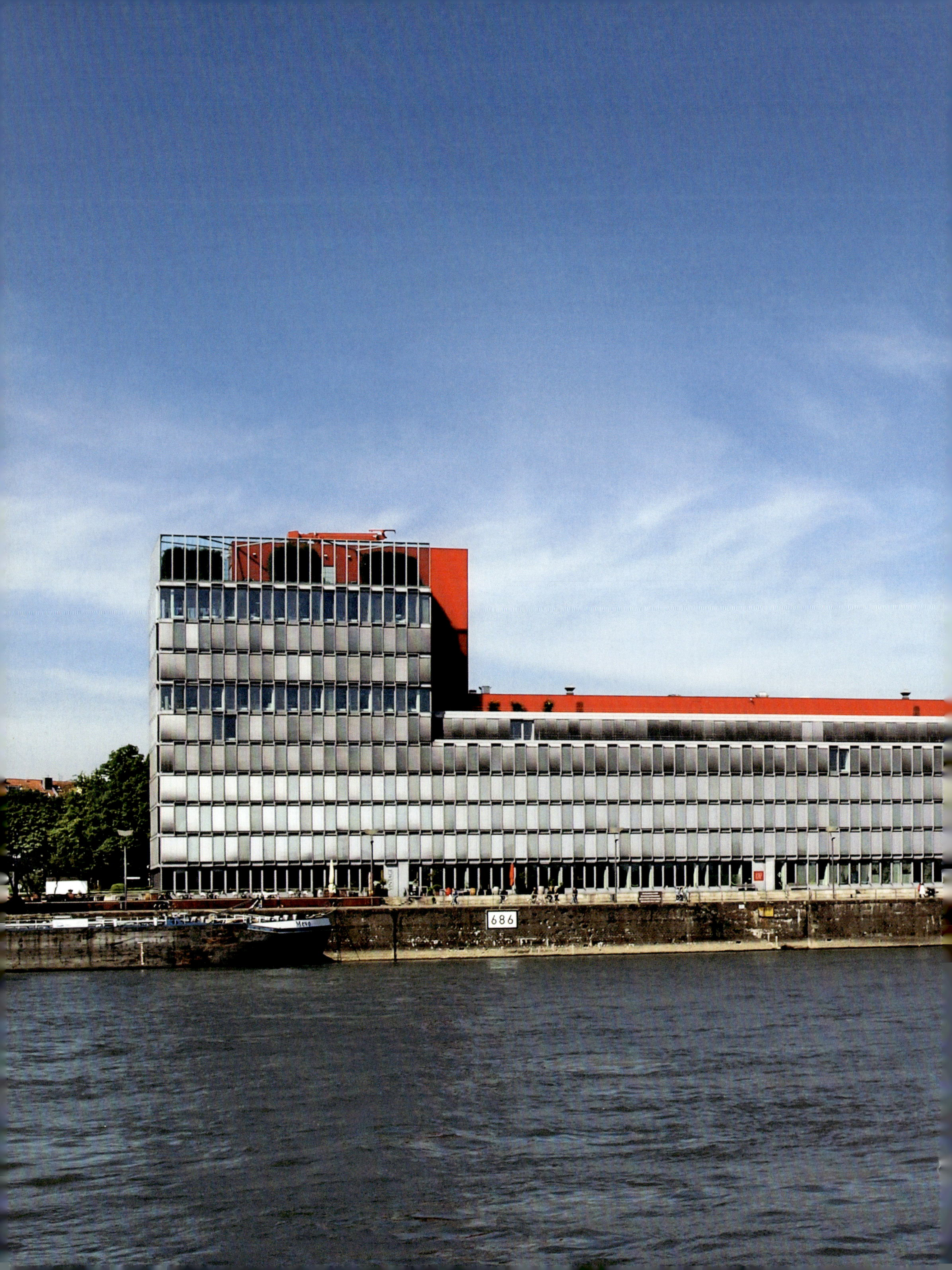
686

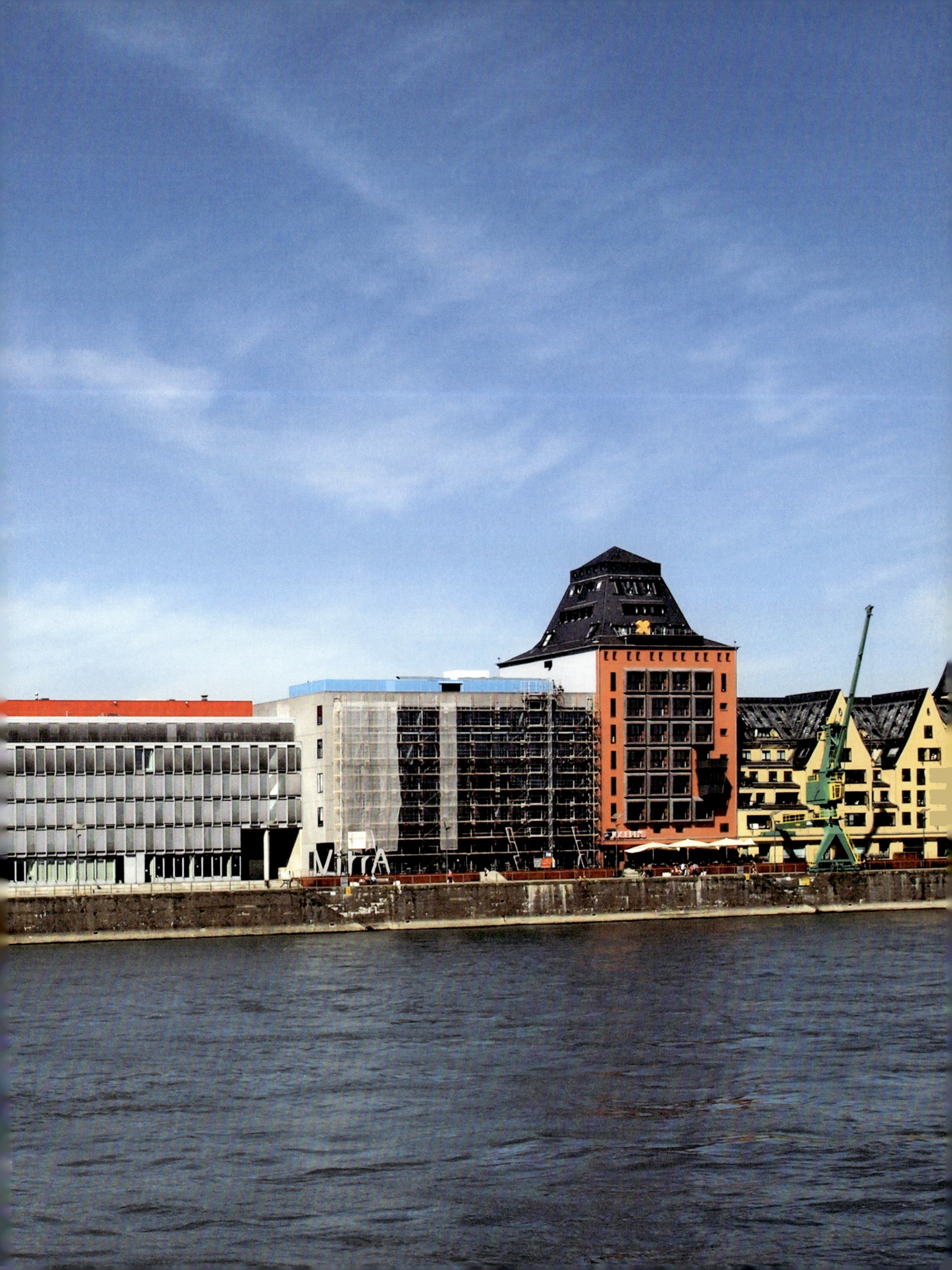
VitrA

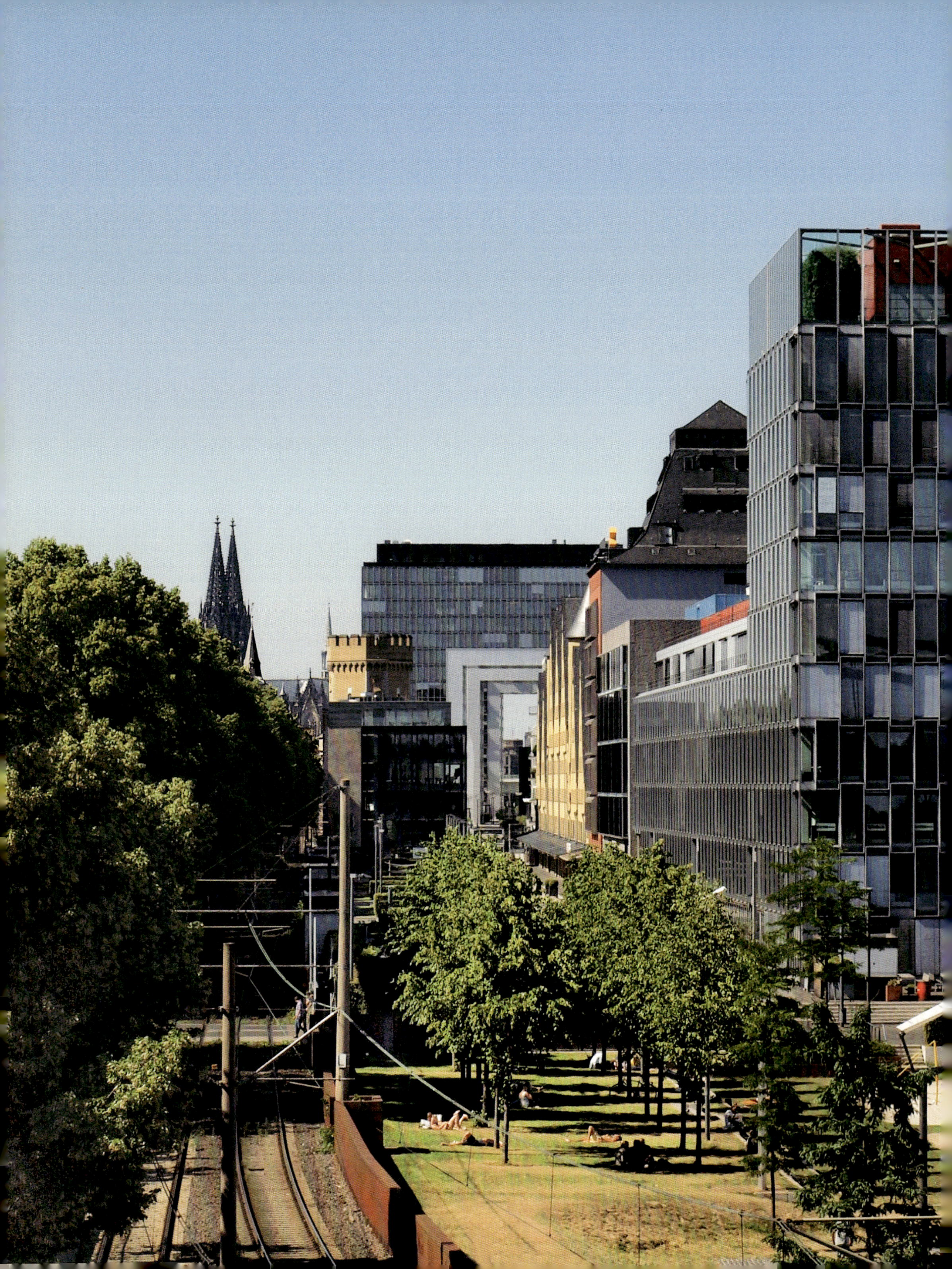

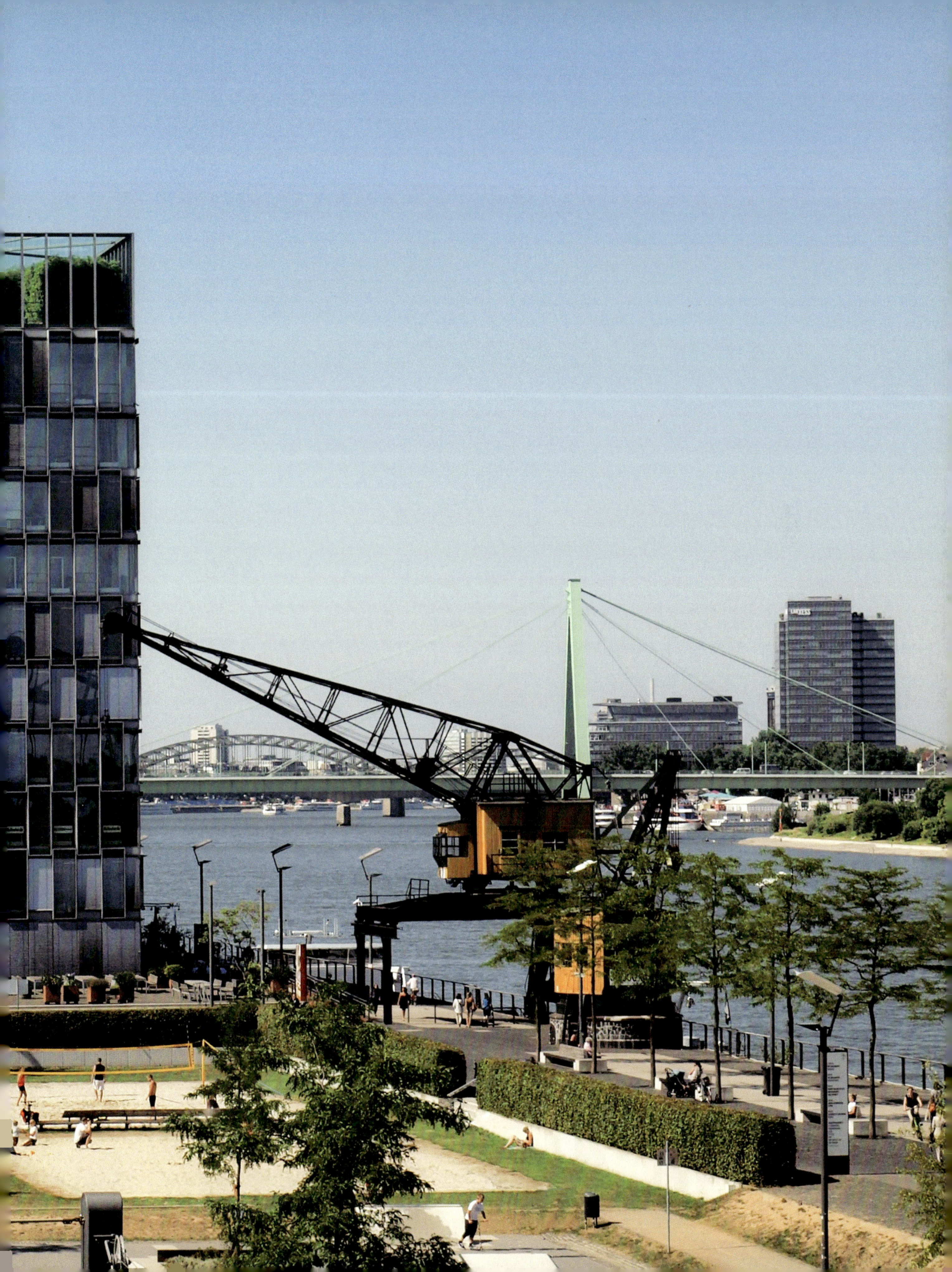

Vorherige Doppelseite:
Diese Blickrichtung vermittelt einmal mehr die Nähe zur Innenstadt. Über die Brücken steht der Rheinauhafen in enger Verbindung mit der gegenüberliegenden Rheinseite, die hier durch das Hauptquartier von Lanxess geprägt wird.

Der Hafenkran »Herkules« hat 1924 den »Dicken Pitter«, eine der größten schwingenden Glocken der Welt, für den Kölner Dom an Land gehievt.

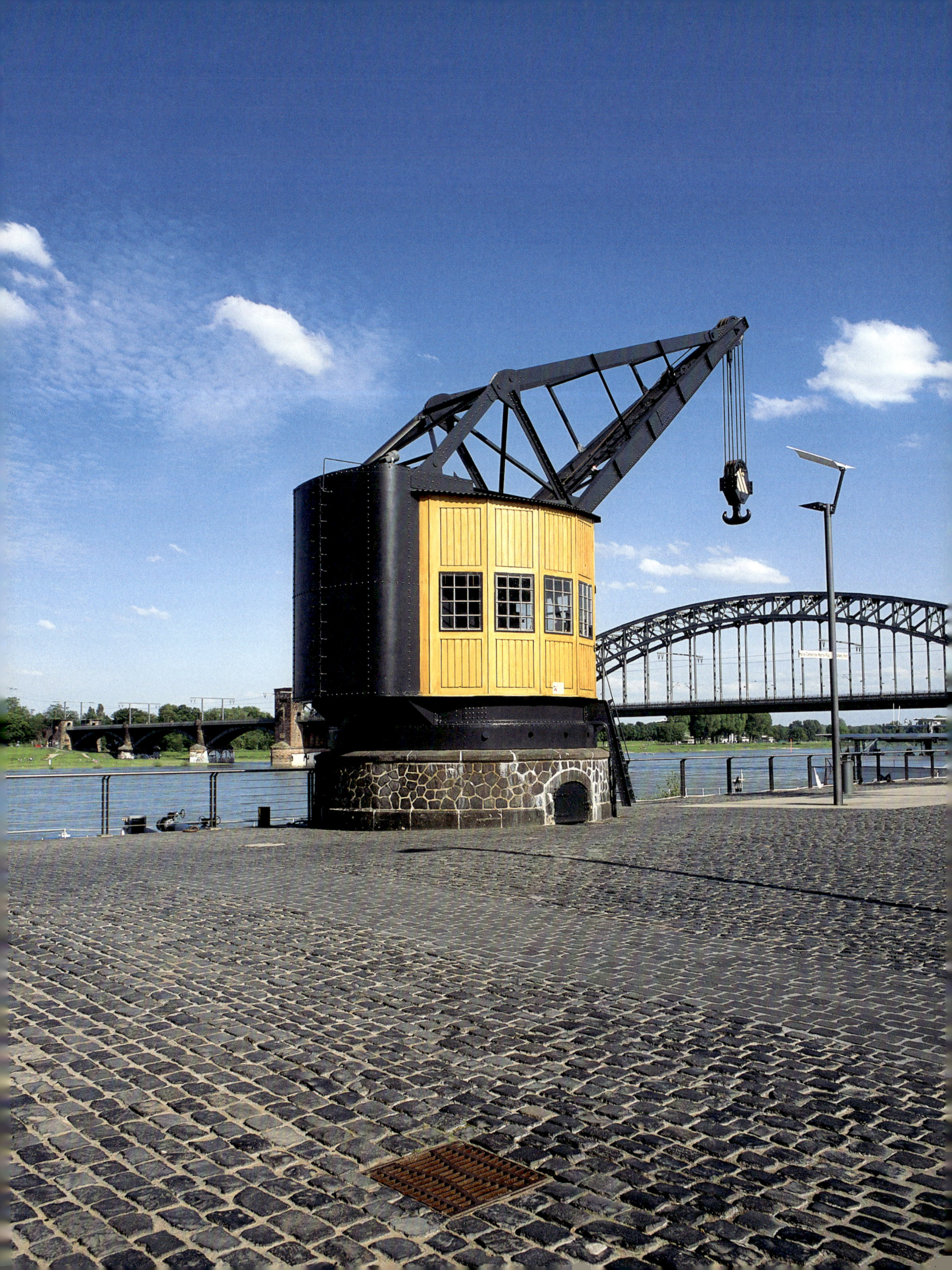

Superlative selbst im Keller:
Die Tiefgarage mit 1400 Stellplätzen
ist die längste Europas.

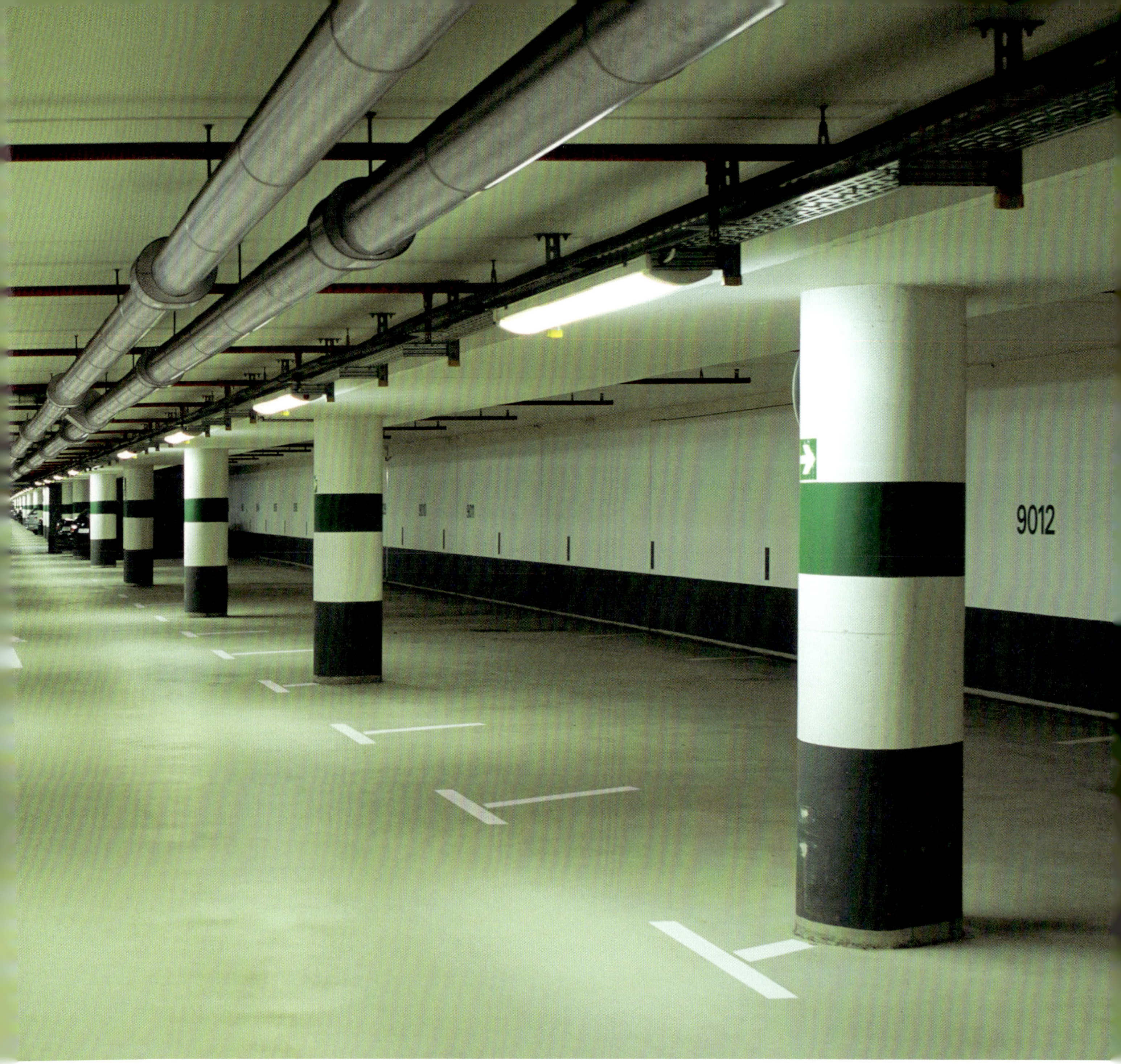
9012

Abbildungen am Anfang des Buches

S. 1: Dieser Speicher hat viel gesehen: Seit 1909 überblickt das gelbe »Siebengebirge« den Rhein. **S. 2/3:** Aus gelb wird rot: das »Siebengebirge« in einer Abendrobe aus künstlichem Licht. **S. 4/5:** Handelsmacht am Rhein: In den farbigen Giebeln des Rheinauhafens leuchtet auch die Kölner Geschichte auf. **S. 6/7:** Wahrzeichen des 21. Jahrhunderts: die Kranhäuser mit dem 1248 begonnenen gotischen Dom im Hintergrund. **S. 8:** Metamorphose eines Industriegebiets: Der alte Hafenkran erinnert an den Ursprung des neuen Vorzeigeviertels.

Bildnachweis

© Werner Berges für die Fassadenskulptur »Turmspringer« (2009): S. 69 oben

Fotonachweis

© art'otel cologne / Matthew D. Shaw: S. 36/37; Eric Retter, Köln: S. 2/3
Alle anderen Fotografien: Claudia Kroth, Köln

Auch die Rechte der trotz sorgfältiger Recherchen nicht ermittelten Rechteinhaber bleiben gewahrt.

© Greven Verlag Köln, 2017
Lektorat: Thomas Volmert, Köln
Gestaltung: Andreas Tetzlaff (probsteibooks, Köln)
Gesetzt aus der Gotham und der Gotham Narrow
Lithografie: farbo prepress, Köln
Papier: LuxoArt Samt
Druck und Bindung: Nino Druck, Neustadt an der Weinstraße
Alle Rechte vorbehalten
ISBN 978-3-7743-0665-3

Detaillierte Informationen über alle unsere Bücher finden Sie unter
www.Greven-Verlag.de

Wir danken

APCOA Autoparking GmbH
CMS Hasche Sigle
Fichter Garten- und Landschaftsbau GmbH
Fröbel Metallbau GmbH
Sozietät Friedrich Graf von Westphalen & Partner

deren Großzügigkeit dieses Buch ermöglicht hat.

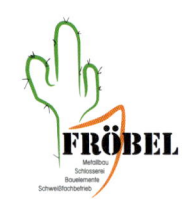